Benita von Eichborn

Rohkost
und Salate aus der Vollwertküche

Schmackhafte Rezepte
und praktischer Rat

GU
Gräfe und Unzer

Umschlagfotos
Vorderseite: Die ganze Vielfalt der Rohkostküche ist hier zu sehen. Tomaten mit Rohkostfüllung, Rezept Seite 39; Rotkohl mit Endivien, Rezept Seite 73; Chicorée mit roten Beten, Rezept Seite 71.
2. Umschlagseite: Ein erfrischendes Gericht für heiße Sommertage: Tomaten mit Rohkostfüllung, Rezept Seite 39.
3. Umschlagseite: Obstsalate dürfen in der Rohkostküche nicht fehlen. Ein besonderer Leckerbissen ist Herbstlicher Obstsalat. Rezept Seite 94.
Rückseite: Köstlich, gesund und abwechslungsreich ist die Rohkostküche. Auf den Bildern sehen Sie eine Auswahl schmackhafter Mahlzeiten: Zwiebelsalat mit Orangen, Rezept Seite 78, Bunter Eissalat, Rezept Seite 62 und Broccoli mit Pinienkernen, Rezept Seite 31.

CIP-Kurztitelaufnahme der Deutschen Bibliothek

Eichborn, Benita von:

Rohkost und Salate aus der Vollwertküche: schmackhafte Rezepte und prakt. Rat / Benita von Eichborn. – 3. Aufl. - München: Gräfe und Unzer, 1988

ISBN 3-7742-1816-1

3. Auflage 1988

Redaktion: Ursula Kopp
Herstellung: Robert Gigler
Farbfotos: Susi und Pete A. Eising
Umschlagfotos: Fotostudio L'Eveque Harry Bischof
Zeichnungen: Gerlind Bruhn
Umschlaggestaltung: Heinz Kraxenberger
Reproduktionen: Brend'amour, Simhart & Co.
Satz und Druck: Appl, Wemding
Bindung: R. Oldenbourg

ISBN 3-7742-1816-1

Benita von Eichborn
lernte in einer Haushaltsschule kochen, richtig gut kochen dann bei ihrem Vater, der begeisterter Hobbykoch war. Später bewirtete sie im Ausland viele anspruchsvolle Gäste. Nachdem sie lange Jahre als Buchhändlerin tätig war, hat sie sich nun ihrem Hobby, dem Kochen, ganz zugewendet. Ihr besonderes Interesse gilt inzwischen der Vollwertküche. Benita von Eichborn lebt am Ammersee/Bayern und beschäftigt sich intensiv mit der Reformküche Bircher-Benners und Kollats und erweitert ihr Wissen über gesunde Ernährung durch Teilnahme an Kursen und Seminaren. In der Reihe »Die kleinen Vollwertkochbücher« des Verlages ist von der gleichen Autorin bereits der Titel »Hülsenfrüchte in der Vollwertküche« erschienen.

Wichtiger Hinweis
Weder die Schoten noch die Samen von Hülsenfrüchten dürfen roh verzehrt werden. Erst durch ausreichendes Garen wird das natürliche Gift der Bohnen, das Phasin, und die auf den Eiweißstoffwechsel ungünstig wirkende Substanz der Sojabohnen, unschädlich gemacht. Da diese Substanz beim Keimen nur teilweise abgebaut wird, sollen Sojabohnenkeimlinge nicht zu oft und grundsätzlich kurz erhitzt/blanchiert verzehrt werden.
Beim Getreidekauf muß darauf geachtet werden, daß das Getreide gereinigt ist. Es muß befreit sein von Schmutz und Unkrautsamen (vor allem Samen der giftigen Kornrade). Auch der heute wieder häufiger auftretende Pilzparasit, der vor allem den Roggen befällt, das Mutterkorn, darf nicht enthalten sein. Dies ist ein schwärzliches, meist stark vergrößertes Getreidekorn, das beim Genuß lebensgefährliche Vergiftungserscheinungen hervorruft. Getreide muß also vor der Verarbeitung unbedingt verlesen werden.

Inhalt

Inhalt

Inhalt

Ein Wort zuvor

Wer sich gesund und vollwertig ernähren will, ißt instinktiv gern und viel rohes Gemüse, Salat und Obst. Leistungsfähig und gesund können wir auf Dauer nur sein, wenn wir naturbelassene, lebendige Lebensmittel zu uns nehmen, deren Inhaltsstoffe optimal zusammengesetzt sind. Frische Kost entschlackt, verbessert die Zellatmung und regt den Stoffwechsel an.
Nicht nur in den Mengen, sondern auch in der Art ihrer Zubereitung unterscheidet sich die Rohkost aus der Vollwertküche von herkömmlich zubereiteten Salaten. Damit man ihrer nicht müde wird – frische Kost sollte nach Möglichkeit die Hälfte der täglichen Nahrung ausmachen – ist es wichtig, daß sie so reizvoll und abwechslungsreich wie möglich zubereitet wird. Um Sie von der Mannigfaltigkeit dieser Ernährungsform zu überzeugen, habe ich dieses Buch für Sie geschrieben. Sie finden darin viele reizvolle Rezepte, die Ihnen helfen, Rohkost täglich mit neuer und wachsender Freude zuzubereiten und zu genießen.
Zunächst aber wird der interessierte Leser im Kapitel Wissenswertes über Rohkost darüber informiert, warum rohe Pflanzenkost so überaus wichtig für den Organismus ist. Der Abschnitt »Täglich Rohkost« gibt Ihnen Auskunft darüber, wie die tägliche Menge bemessen und vor allem, in welcher Kombination sie zusammengestellt sein sollte. Wie Sie mit den frischen Produkten umgehen müssen, lesen Sie in den »Goldenen Regeln der Rohkost«. Dann erfahren Sie viel über die Art und Verwendung der gesundheitlich so wertvollen Küchenkräuter und Gewürze und darüber, wie sie in der vollwertigen Rohkost- und Salatküche am besten verwendet werden.
Der dann folgende Rezeptteil gliedert sich nach dem jahreszeitlichen Angebot von Gemüse, Salat und Obst aus heimischem Anbau. So finden Sie Anregungen für Frühlings-, Sommer-, Herbst- und Winterrohkost, denn Gemüse und Obst der Saison schmeckt besser und ist preiswerter als Produkte, die von weit her importiert oder lange gelagert werden. Den Tomaten, den Möhren, dem Kohl und den Blattsalaten werden eigene Kapitel gewidmet. Einfache Grundrezepte für Saucen sollen als Anhaltspunkt, aber auch als Anregung für eigene Kreationen dienen. Köstliche und erfrischende und immer willkommene Rohkostmahlzeiten aus Obst runden das Buch ab. Sicher werden Sie schon beim Lesen der Rezepttitel Lust zum Ausprobieren bekommen. Wie appetitlich Rohkostgerichte sind, zeigen Ihnen die brillanten Farbfotos, die für dieses Buch alle neu aufgenommen wurden.
Seit mehreren Jahren koche und backe ich für mich selbst und meine Familie vollwertig. Nichts bereitet mir dabei mehr Freude als der Umgang mit frischem rohem Gemüse und Obst. Ich hoffe, daß die Benutzer meines Buches beim Zubereiten und Genießen von Rohkost ebensoviel Vergnügen haben wie die Autorin. Viel Erfolg und guten Appetit wünscht Ihnen

Ihre Benita von Eichborn

Alle Rezepte dieses Buches sind für 4 Personen berechnet.

Wissenswertes über Rohkost

Unter Rohkost verstehen wir zum Zweck unserer Ernährung zubereitete frische, rohe Pflanzenkost. Die Frage nach dem, was Rohkost ist und was sie bewirkt, ist im Grund die Frage nach den Zusammenhängen des Lebendigen. So tief allerdings braucht in einem Kochbuch nicht geschürft zu werden. Von Zeit zu Zeit sollte man sich aber daran erinnern, daß man mit einem grünen Salat – er stehe hier stellvertretend für alle Rohkostsalate – »lebendige« Nahrung zu sich nimmt. Carl Zuckmayer sagt in einem schönen Gedicht:

». . . und viele Götter leben im Salate,
saftrot und samenkerngeschwellt das Weib Tomate,
und grünes Kraut im Frühling ist ein kühles Glück . . .«

Der Schriftsteller spürt die Götter im Salat, den Wissenschaftler interessieren andere Inhaltsstoffe. Er analysiert die Zusammensetzung der Lebensmittel. Doch wie genau diese Analyse auch ausfallen mag, so gibt sie letztlich doch nicht völligen Aufschluß über die Zusammenhänge des Lebens und Wachstums.
Bircher-Benner, ein berühmter Arzt, setzte in seinem Heilverfahren schon zu Anfang unseres Jahrhunderts bei Patienten eine Rohkost-Diät ein. Im Bircher-Benner-Kochbuch heißt es: »Frische, unverdorbene pflanzliche Nahrung aus gesundem Boden hat Heilwirkungen, die mit nichts anderem zu vergleichen sind.« Bircher-Benner erkannte an den Heileffekten einer Ernährung mit roher Pflanzenkost deren Wert. Der große Ernährungsforscher Kollath mahnte: »Laßt euere Nahrung so natürlich wie möglich.« Er bewertete die Nahrung nach ihrer Naturbelassenheit.

Die Ordnung unserer Nahrung

Nach dieser Ordnung steht die Pflanzenkost an erster Stelle, weil sie Nahrungsgrundlage für Mensch und Tier ist. Der Pflanzensame nimmt in Kollaths Wertskala den ersten Platz ein, weil er Träger der Art ist. Es folgen die Früchte, die den Samen tragen, die Wurzeln und Knollen, die Wasser und Salze, die Nahrung der Pflanzen, aufnehmen und dann Stengel und Blätter, in denen die Pflanzennahrung transportiert und aufbereitet (assimiliert) wird.
In Kollaths Ordnung der Nahrung rangiert also die natürliche, unveränderte, auch unzerkleinerte Pflanzennahrung an erster Stelle; allen voran die Nüsse und alle Samen, ebenso das ungemahlene Korn. Dann folgen Fruchtgemüse und Obst, Knollengemüse und Wurzeln, Blatt- und Stengelgemüse. Auch rohe Vollmilch wäre hier einzuordnen. Rohe, jedoch mechanisch veränderte Lebensmittel bilden die zweite Gruppe: Das gemahlene Korn, die geriebenen Wurzeln, die zerschnittenen Blätter und Stengel, das kalt aus den Samen gepreßte Öl, roher Fruchtsaft ohne Zusätze. All dies stellt Kollath in die zweite Gruppe, da bereits bei derart behandelten Nahrungsmitteln ein Verlust an Wertstoffen eintritt. In diese zweite Gruppe sind auch Rohkostgerichte und -salate, um die es ja in diesem Buch geht, einzuordnen; ebenso Produkte aus roher Milch und Sahne. Als vollwertiges Lebensmittel gilt auch fermentativ veränderte Nahrung wie milchsauer eingelegtes Gemüse (Sauerkraut), Sauermilch aus Rohmilch, Joghurt und Quark. Jedes erhitzte Lebensmittel ist nach Kollath nur noch teilwertig.
In der heutigen Vollwertküche sind auch kurzgedünstetes Gemüse sowie Vollkornbrot und Vollkorngebäck erlaubt, vorausgesetzt, die Rohkost kommt nicht zu kurz. Unser Körper wäre überfordert, wollten wir uns ständig ausschließlich von rohen Lebensmitteln ernähren. Durch reine

Wissenswertes über Rohkost

Rohkost wird zwar anfänglich eine enorme Kräftigung und Vitalitätssteigerung erzielt, doch kann es nach einiger Zeit zu einem Überdruß dieser Ernährungsform gegenüber kommen. Wenn etwa die Hälfte unserer Nahrung aus Rohkost besteht und wir raffinierte, isolierte Nahrungsmittel und Fertigprodukte meiden, tun wir viel für unsere Gesundheit. Vollwertige Kost sollte außerdem noch möglichst vielfältig sein. Vollkornbrot, Milch und Milchprodukte, Obst und Gemüse aus heimischer Ernte, der Jahreszeit entsprechend, gehören dazu. – Eine Rohkostkur über längere Zeit zur Heilung einer Krankheit sollte vom Arzt verordnet und überwacht werden.

Täglich Rohkost

Etwa die Hälfte unserer täglichen Nahrungsmenge sollte aus Rohkost bestehen; so bleiben wir gesund und leistungsfähig. Achten wir bei einer gut ausgewählten und zusammengestellten Rohkosternährung auf die Signale unseres Körpers und beenden die Mahlzeit, wenn wir satt sind, dann erübrigt sich nach einiger Zeit der Um- beziehungsweise Einstellung auf die neue Vollwertkost sogar das Berechnen von Kalorien. Es empfiehlt sich, pflanzliche Rohkost an den Anfang jeder Mahlzeit zu stellen. Die darin enthaltenen Aromastoffe wirken beruhigend auf das Nervensystem, der Appetit wird etwas gedämpft, die Verdauung hingegen angeregt. Zum Frühstück läßt sich frisches Obst einem Getreidemüsli beimischen. Mittags und abends beginnt die Mahlzeit mit einem Salat. Dabei reicht allerdings eine Sorte Blatt- oder Wurzelrohkostsalat nicht unbedingt aus. Zweckmäßig ist eine Mischung aus Blatt-, Frucht- und Wurzelgemüse oder aus verschiedenen Blattsalaten sowie aus Wurzelgemüse und über der Erde gewachsenem Gemüse. Die Farben rot, grün, weiß oder gelb haben dabei zudem als optischer Anreiz eine appetitanregende Wirkung. Spinat-, Möhren- und Kohlrabirohkost nebeneinander angerichtet, ergeben ein ganz anderes Bild als eine große Schüssel voll mit nur einem dieser Salate. Hier einige Beispiele für eine gelungene Rohkostkombination:

Grüner Blattsalat – Tomaten – Rettich
Endiviensalat – rote Bete – Fenchel
Mangold – Möhren – Blumenkohl
Brennesselspitzen – Radieschen – Gurke

Neben der Wirkung des farblichen Effekts spricht noch ein Grund für die Einhaltung dieser Regel. Uns sind die Bezeichnungen »Wurzel- und Knollengemüse, Blatt- und Stengelgemüse, Frucht- und Blütengemüse« geläufig. Sie beziehen sich auf den Teil der Pflanze, der zur Nahrung dient. Meist ist dies auch der Teil der Pflanze, welcher besonders reich an Nährstoffen, Aroma und Duft ist. In Wurzel, Blatt, Blüte und Frucht finden sich jeweils bestimmte Vitamine, Mineralstoffe und Spurenelemente. Sie alle sind wichtig für unsere Ernährung und ergänzen einander.
Es gibt eine Vielzahl anderer Wertstoffe, die schwerpunktmäßig in den verschiedenen Pflanzenteilen gelagert sind. Beim Einkauf von Obst und Gemüse richten wir uns möglichst nach dem heimischen und saisonbedingten Angebot und bevorzugen dabei das, was im Freilandbau gezogen wurde. Für Nutzgartenbesitzer ist das Grundvoraussetzung; das gilt auch für Geschäfte, die biologisch angebautes Gemüse und Obst anbieten. »Saisongemüse« ist preisgünstig, reif geerntet und deshalb gesund und wohlschmekkend. Es hatte keine langen Transportwege und lange Lagerzeiten zu überstehen, umstrittene Methoden zur besseren Lagerfähigkeit entfallen hier. An den Gemüsekisten und Obststeigen geben Zettel Auskunft über das Herkunftsland und die Anbauweise.

Goldene Regeln für Rohkost

Beim Zubereiten von Rohkost gilt es, die in ihr enthaltenen Vitalstoffe – Vitamine, Mineralien und Spurenelemente – zu erhalten. Die wichtigste Regel beim Zubereiten von Rohkost und Salaten lautet: Nur wenn man liebevoll und umsichtig mit den Naturprodukten umgeht, können diese ihre nährenden und gesunderhaltenden Kräften im Körper auch voll entfalten.
Rohkost kann wie jede Speise nur so gut sein, wie die Zutaten. Ist sie aus überlagertem und qualitativ minderwertigem Gemüse oder Salat bereitet, wird sie durch raffiniertes Würzen nicht verbessert. Verwenden Sie deshalb in der Rohkostküche nur ausgereiftes Gemüse und Obst aus biologischem Anbau und für die entsprechenden Saucen nur kaltgepreßtes Öl.
Gemüse und Obst für Rohkost besonders gründlich, wenn möglich sogar warm, nicht heiß, waschen, Wurzeln und Knollen dabei mit einer harten Bürste reinigen und alles stets ungeschält verarbeiten. Selbst Gemüse und Obst aus konventionellem Anbau nicht schälen, denn die Randschichten enthalten besonders viele Vitalstoffe. Gemüse und Obst auch unzerkleinert nicht lange im Wasser liegen lassen, da es sonst ausgelaugt wird und die Mineralstoffe und Vitamine ins Wasser übertreten. Selbst die in Reformhäusern erhältlichen Mineralstoffgemische, die dem Waschwasser beigefügt werden können, sind nicht zu empfehlen. Welkes Gemüse wird zwar wieder prall, wenn es eine Zeitlang in dieser Lösung liegt, doch deswegen nicht frischer. Es saugt sich nur mit Wasser voll, in dem Mineralstoffe gelöst sind, die nicht seiner arteigenen Mineralstoffzusammensetzung entsprechen.

- Alle Blattsalate, Wurzeln, Knollen und Früchte erst unmittelbar vor der Zubereitung zerkleinern, da viele Vitamine besonders sauerstoffempfindlich sind. Fein zerkleinert ist ihre Oberfläche viel größer, der Sauerstoff der Luft kann die Zellen leichter angreifen, und es kommt zu einer verstärkten Oxydation. Saucen für Rohkostsalate stets zuerst zubereiten, dann sofort über die zerkleinerten Salatzutaten gießen und unterheben. Das in der Sauce enthaltene Fett – Öl, Sahne – legt sich wie ein Schutzfilm um die Gemüseteilchen.

Um Rohkost vor Vitaminverlust zu schützen, werden alle Zutaten direkt in die bereits fertige Sauce gerieben.

- Muß ein Rohkostgericht dennoch einmal eine Zeitlang vor dem Verzehr zubereitet werden, die Schüssel gut mit Haushaltsfolie zudecken.
- Getreiderohkost kann dagegen schon im voraus angerichtet werden. Frische Kräuter, frisches Gemüse und Obst jedoch erst kurz vor dem Servieren zufügen. Diese Rohkostgerichte können kühl und möglichst luftdicht abgedeckt etwa 12 Stunden aufbewahrt werden. Hebt man Getreidesalate im Kühlschrank auf, soll man den Salat rechtzeitig vor dem Servieren wieder Raumtemperatur annehmen lassen!
- Da zerkleinerte, rohe Pflanzen rasch wichtige Nährstoffe verlieren, sind bei den Mahlzeiten Reste zu vermeiden. Es ist sinnlos, zubereitete Rohkost aufzubewahren, weil sie innerhalb von 30 Minuten einen Großteil ihrer Wertstoffe eingebüßt hat.

Die besten Saucenzutaten

Es wäre unverzeihlich, wollten wir ein Rohkostgericht aus gutem und gesund gewachsenem Gemüse, Obst oder Getreide mit einer Sauce aus nicht ebenso vollwertigen Zutaten anmachen, beispielsweise mit Dosensahne, einem minderwertigen Essig und raffiniertem Öl. Die Sauce bestimmt den Charakter einer Rohkost oder eines Salates der von lieblich, zartsüß und sahnig bis würzig, säuerlich, fein herb oder pfeffrig abgestuft sein kann. Öl, Sahne, Sauermilch, Essig oder frische Fruchtsäure machen deren Geschmack aus.

Das richtige Öl

Kalt gepreßtes Speiseöl ist das wertvollste. Früher wurde jedes Öl kalt gepreßt. Durch mechanische Pressung von Oliven oder der ölhaltigen Samen wurde das Öl ohne weitere Einwirkung gewonnen. Dieses Verfahren zur Ölgewinnung findet auch heute noch zum Teil Anwendung. Häufiger jedoch wird Öl unter Wärmeeinwirkung gepreßt, was die Ausbeute reichlicher macht. Die weitaus größte Menge Öl wird jedoch durch Extraktion gewonnen. Es wird dabei durch organische Lösungsmittel aus der Ölfrucht oder dem Samen herausgelöst. Anschließend muß es von den Lösungsmittelrückständen in einem komplizierten Verfahren gereinigt (raffiniert) werden. Bei dieser Art der Gewinnung werden jedoch die meisten der im Öl sonst reichlich enthaltenen fettlöslichen Vitamine zerstört und die ungesättigten Fettsäuren in ihrer Struktur verändert. Die ungesättigten Fettsäuren, vor allem die lebensnotwendige Linolsäure ist für die Stoffwechselvorgänge im Körper von Bedeutung. 10 g Linolsäure braucht ein erwachsener Mensch täglich, um seinen Stoffwechsel in Schwung zu halten. Ein Zuviel dieser Fettsäuren kann allerdings auch nachteilig sein und zu ernsten Erkrankungen führen (z. B. Gallensteinbildung). Kaltgepreßte Speiseöle enthalten mehrfach ungesättigte Fettsäuren in unterschiedlichen Mengen: Olivenöl etwa 9%, Erdnußöl 30–40%, Rapsöl 35%, Maiskeimöl 50%, Sonnenblumenöl und Distelöl 60%. Nicht nur im Gehalt der ungesättigten Fettsäuren unterscheiden sich die verschiedenen kaltgepreßten Öle. Auch ihr Geschmack wird von der jeweiligen Ölfrucht bestimmt. Sonnenblumenöl schmeckt nach Sonnenblumenkernen, Olivenöl nach Oliven und Distelöl etwas nach Artischocke. Am besten kauft man in kleinen Mengen (0,5 l Flaschen) 2 oder 3 verschiedene Sorten und verwendet sie abwechselnd. Öle der ersten Pressung tragen die Bezeichnung »Extra-Jungfernöl«. Sie sind weich und mild im Geschmack. Kalt gepreßtes Öl eignet sich jedoch nicht zum Braten. Bei den hohen Temperaturen »verharzt es«, die ungesättigten Fettsäuren wandeln sich in gesättigte Fettsäuren um. Die wertvollen, kaltgepreßten Salatöle werden in dunkel getönten Flaschen angeboten. Öl muß stets vor Licht geschützt, kühl aufbewahrt werden. In einer unangebrochenen Flasche hält es sich etwa 18 Monate ohne Qualitätseinbußen.

Sahne und Sauermilch

Diese beiden Milchprodukte in ihrer verschiedenen Form können wie Öl Grundlage einer Salatsauce sein. Rohe, das heißt nicht pasteurisierte Sahne und Sauermilch für Salatsaucen sind ideal. Milch und alle Milchprodukte, mit Ausnahme der Vorzugsmilch, die Sie im Lebensmittelgeschäft kaufen, sind ausnahmslos zur besseren Haltbarkeit und aus hygienischen Gründen mit Hitze behandelt worden. Wer Rohmilch beim Bauern kaufen kann, kann selbst Dickmilch herstellen. Dafür füllt man die Milch in eine Schüssel, setzt ihr zur schnelleren Säuerung

1 Eßlöffel saure Sahne oder Dickmilch zu und läßt die Milch bei Raumtemperatur stehen, bis sie gestockt ist. Sahne setzt sich bei nicht homogenisierter Rohmilch vom Bauernhof reichlich an der Oberfläche der Milch ab. Diese Rohmilch ist oft viel fetter als die aus der Molkerei.

Nur die besten Saucenzutaten sind für die Rohkostküche gerade gut genug. Ohne fein abgestimmte Marinaden schmeckt sie fad und langweilig.

Ein Teil der Sahne kann bei Bedarf abgeschöpft und für eine Salatsauce verwendet werden. Ist kein Bauernhof in der Nähe, der Milch verkauft, sollte man Dickmilch, Joghurt und Sahne vorzugsweise von biologisch wirtschaftenden Betrieben kaufen. Ein köstliches Sauermilchprodukt ist die milde Schwedendickmilch, die es in Demeter-Qualität zu kaufen gibt.

Essig und Zitrone

Jede Salatsauce verlangt nach etwas Säure. Wurde einmal versehentlich Essig oder Zitronensaft vergessen, schmeckt der Salat fade, ihm fehlt die Frische. Säure wirkt ebenso wie Kräuter und Gewürze appetitanregend, ist wie diese in erster Linie eine würzende Zutat. Soll man nun der Zitrone oder dem Essig den Vorzug geben?

Essig ist bereits ein gegorenes Lebensmittel, nämlich vergorener Traubensaft (Weinessig), vergorener Apfel- oder Birnensaft oder eine Mischung daraus (Obstessig). Frischer, gerade ausgepreßter Zitronensaft ist hingegen ein unverändertes Lebensmittel, außerdem reich an Vitamin C und deshalb besonders für die Winterzeit zu empfehlen. Im Essig wiederum sind Wirkstoffe enthalten, die den Stoffwechsel günstig beeinflussen. Es empfiehlt sich daher, Essig und Zitronensaft abwechselnd zu gebrauchen und sich dabei von seinem Geschmacksempfinden leiten zu lassen. Tomaten und Weißkohl, hin und wieder auch Getreidesalate würze ich gern mit einem guten Essig. Zarte Salate und Blattgemüse mit viel arteigener Süße schmecken mir persönlich mit Zitronensaftsauce besser. Kaufen Sie, wenn möglich, völlig unbehandelte Zitronen mit dem Vermerk »Biodyn«. Oft sind Zitronen zwar als unbehandelt gekennzeichnet, jedoch zur Haltbarmachung in ein Wachsbad getaucht. Diese Wachsschicht läßt sich nur durch festes Bürsten unter heißem Wasser einigermaßen wieder entfernen. »Biodyn«-Zitronen müssen freilich auch gewaschen werden, wenn man ihre Schale verwenden will. Zitronenschale wird als Gewürz in der Vollwertküche oft benötigt.

Kräuter und Gewürze

Pfeffer, Salz und Petersilie sind die Standardgewürze, die beinahe in jedem Rezept als Würze empfohlen werden. Viel seltener schon werden Lorbeerblatt, Muskatnuß und Paprika angegeben. Früher, als in jedem Hausgarten nicht nur »Suppenkraut« (Liebstöckl) und Petersilie, sondern auch Majoran, Rosmarin, Salbei, Thymian wuchsen, verstand man mehr vom Würzen. Kräuter und Gewürze wenden sich mit ihren aromatischen Düften an unseren Geruchs- und Geschmackssinn, und schon bei der Vorstellung eines gut gewürzten Gerichts kann uns das Wasser im Munde zusammenlaufen. Alle Kräuter sind reich an Vitaminen sowie an Mineralstoffen. Das Besondere an Kräutern und Samengewürzen sind die in ihnen enthaltenen ätherischen Öle sowie die Gerb- und Bitterstoffe. Ihnen verdanken sie einerseits Aroma und Duft, andererseits regen sie die Verdauung an.
Beim Zubereiten eines Salates ist immer zu überlegen, ob die Eigenart des Gemüses betont oder mit den Gewürzen gewissermaßen ein Kontrapunkt gesetzt werden soll. Möhren zum Beispiel haben ein zartes und süßes Aroma. Anis, Fenchelsamen oder Fenchelkraut, Petersilie, etwas Dill kommen dem Möhrenaroma entgegen. Soll die Möhrenrohkost besonders frisch und belebend schmecken, sind vielleicht Kräuter wie Zitronenmelisse, Basilikum oder frische Pfefferminze, zusammen mit einem Hauch Ingwer, der mit seiner Schärfe und zarten Süße erfrischend wirkt, zu wählen. Thymian, Bohnenkraut, Oregano, Majoran oder gar Meerrettich und Senfkörner passen weniger gut zu diesem zarten Gemüse. Ihre scharfe Würzkraft erschlägt den lieblichen Geschmack der Möhren. Kräuter- und Gewürzkombinationen finden Sie in allen Rezepten dieses Buches. Die Samengewürze, aber auch Gewürze wie Ingwer, Macis und Zimt sollten für Salatsaucen nur in kleinsten Mengen zum Abrunden verwendet werden.

Basilikum

Basilikum, auch Königskraut genannt, hat seine Heimat in Ostindien und wurde früher gleichermaßen als Heil- und Würzpflanze verwendet. Es wirkt appetitanregend und beruhigend auf den Magen. Basilikum ist das beliebteste Küchenkraut der Mittelmeerländer; dort wächst es üppig vor jedem Haus, in jedem Innenhof in Töpfen und Blechdosen und erfüllt die Luft mit seinem aromatisch-würzigen Duft. Basilikum braucht viel Wärme und einen humusreichen Boden zum Gedeihen. Man kann es im Frühjahr in Schalen aussähen und bis Mitte Mai die Pflänzchen auf der Fensterbank ziehen, bevor sie ins Freie umgepflanzt werden. Bei uns gedeiht nur die großblättrige Art, die weniger aromatisch ist als das kräftige kleinblättrige Basilikum des Südens. Frisches Basilikum schmeckt schwach salzig, leicht minzeartig und etwas scharf. Das Kraut paßt zu jedem Salat und verträgt sich geschmacklich mit allen anderen Küchenkräutern, auch mit Zwiebel und Knoblauch. Tomatensalat schmeckt besonders gut mit frischem Basilikum.

Bohnenkraut

Bohnenkraut, auch Pfefferkraut genannt, schmeckt pfeffrig, würzig, ein wenig nach Minze und ausgeprägt nach grünen Bohnen. Das einjährige Sommerbohnenkraut ist viel schärfer als das 4–5 Jahre ausdauernde Winterkraut. Sommerbohnenkraut kann im Blumenkasten oder Topf ausgesäht werden. Es benötigt gute Erde und liebt Feuchtigkeit. Winterbohnenkraut gedeiht besser im Garten auf kalkhaltigem Boden. Nicht nur Hülsenfrüchte und grüne Bohnen würzt man mit Bohnenkraut. In kleinen Mengen paßt es auch zu frischem Blatt-, Gurken- und Tomatensalat, Salat aus rohen Zucchini oder grünen Paprikaschoten. Frisch oder getrocknet gibt man es gerne zu Getreidesalaten, vor allem aus Roggen, aber auch zu Kartoffelsalaten. Diesen etwas schwereren Salaten beigemischt wirkt es angenehm verdauungsfördernd.

Borretsch

Beheimatet ist Borretsch oder auch Gurkenkraut in den Mittelmeerländern. Borretsch wird im Frühjahr im Garten ausgesäht. Die Pflanzen werden etwa 1 m hoch und recht buschig; die Blütensterne leuchten blau, duften süß und werden gern von Bienen besucht. Zum Würzen verwendet man frische, zarte und nur rohe Blättchen. Borretsch schmeckt gurkenähnlich, frisch und kühl auf der Zunge. Das Kraut paßt zu allen grünen Salaten, zu Gurken-, Tomaten-, Paprika- und Kartoffelsalat. Es verträgt sich mit den meisten anderen Gartenkräutern.

Dill

Dill war ursprünglich im Orient beheimatet; die alten Ägypter und Römer schätzten seinen Duft als wirksames Kopfschmerzmittel. Dill schmeckt zart süßlich, belebt und erfrischt, wirkt aber zugleich beruhigend. Dillkraut stellt keine großen Ansprüche an den Boden, liebt aber Sonne und Wärme bei gleichzeitig feuchtem Boden. Man säht Dill Anfang Mai direkt ins Kräuterbeet. Dill wächst rasch in die Höhe, etwa 1 m hoch werden die Pflanzen. Wenn seine gelben Dolden blühen, ist es mit der Würzkraft der Blätter für Salate vorbei. Mit den reifen Samen lassen sich sehr gut Gemüsegerichte wie Spinat, Mangold und Kohl würzen. Dill ist eines unserer beliebtesten Salatkräuter. Im Gurkensalat darf er nicht fehlen. Grüne Salate, Rohkost aus Wurzelgemüse, Kartoffelsalat und Salate mit gekeimten Getreidekörnern schmecken noch frischer, wenn man einige Stengel feingehackten Dill hinzufügt. Dill gibt es zwar auch getrocknet zu kaufen, doch durch diese Art der Konservierung verliert er fast völlig seinen ihm eigenen Geschmack.

Estragon

Estragon ist ausdauernd, braucht lockeren, humusreichen Boden und liebt Wärme, aber auch Feuchtigkeit. Man kauft Estragon am besten als junge Pflanze und setzt ihn an eine geschützte Stelle im Garten. Estragon ist eines der feinsten Küchenkräuter. Seine schmalen, dunkelgrünen Blätter schmecken würzig, leicht süß, schwach vanilleartig, mit einem Anflug von Bitterkeit. Estragon wirkt magenfreundlich und ist das Lieblingskraut der französischen Küche. Für Sauce Vinaigrette, Sauce Bearnaise, Kräuterbutter und Kräutermayonnaise ist es das klassische Grundgewürz. Estragon ist geschmacksintensiv, einige feingehackte Blättchen genügen als Würze für Salate. Man kombiniert ihn gern mit mild schmeckenden anderen Kräutern, beispielsweise mit Dill, Kerbel, Petersilie und Zitronenmelisse. Estragon paßt zu Kopf-, Chicorée-, Gurken- und Tomatensalat, Salat aus Blumenkohl, Möhren-, Kohlrabi- und Schwarzwurzelrohkost.

Kerbel

Schon im Altertum wurde Kerbel als Heilkraut angebaut und verwendet. Er regt den Stoffwechsel an, wirkt entschlackend und blutreinigend. Kerbel kann in Kästen oder Blumentöpfen auf dem Balkon gezogen werden, da er keine besonderen Ansprüche an den Boden stellt und auch im Schatten gedeiht. Um den ganzen Sommer über frischen Kerbel ernten zu können, sät man ihn in Folgesaaten von 3 Wochen aus. Die feingegliederten Blätter dieser Kräuterpflanze sind reich an Vitamin C und stark duftenden ätherischen Ölen. Kerbel schmeckt leicht süßlich, ähnlich wie Anis und Fenchel, und würzig wie Petersilie, ist jedoch viel feiner im Geschmack. Man gibt ihn mit anderen Kräutern zusammen an grüne Blattsalate, er mildert das oft strenge Aroma von Wildkräutersalaten, harmoniert mit Tomaten, Gurken, Fenchel und grünen Erbsen. Beim Trocknen büßt er sein duftiges Aroma ein.

Kresse

Den scharfen Geschmack verdankt die Kresse dem in ihr reichlich enthaltenen Senföl, das antibakteriell wirkt. Kresse ist deshalb bei Infektionskrankheiten der Atmungswege zu empfehlen. Außerdem ist sie reich an Vitamin C.
Gartenkresse kann man das ganze Jahr über auf der Fensterbank ziehen. Man streut die Samen auf ein feuchtes Mulltuch oder auf Sackleinwand und hält sie feucht. Nach 2–3 Wochen kann man die Kressestiele mit den Blättchen dann vom »Beet« schneiden; oder man läßt Kressesamen im Keimapparat keimen, bis sie grüne Blättchen bekommen haben. Gartenkresse kann man natürlich auch im Garten aussähen. Sie benötigt keinen besonderen Boden, muß aber genug Feuchtigkeit haben. Kresse keimt auch im Beet rasch und kann bereits nach 2–3 Wochen geerntet werden.
Die Blätter und Stengel der Brunnenkresse ergeben einen erfrischenden Salat und können Zutat zu jeder Rohkost sein. Brunnenkresse wächst wild von Dezember bis Mai in sauberen, rasch fließenden Bächen. Sie ist noch schärfer als Gartenkresse und enthält zudem Bitterstoffe. In den Wintermonaten ist sie eine ausgezeichnete Bereicherung des Speisezettels.

Liebstöckel

Maggikraut ist der gebräuchlichste Name für das intensiv duftende Küchenkraut. Liebstöckel gibt es im Sommer frisch zu kaufen; will man ihn selbst ziehen, genügt eine kleine Pflanze, die in gelockerten Boden gesetzt wird. Die Pflanze braucht Sonne und liebt Feuchtigkeit. Bei günstigem Standort wird sie bis zu 2 m hoch und sehr buschig. Für den Wintervorrat schneidet man die Stengel ab, bindet sie zusammen und läßt sie hängend trocknen. Die Blätter schmekken salzig, stark nach Suppenwürze und Sellerie. Sein volles Aroma entfaltet der Liebstöckel, wenn er kurz mitgekocht wird. Das Kraut eignet sich hervorragend für Gemüsebrühen und Eintöpfe. Als Gewürz für Rohkost verwendet man es frisch, jedoch sparsam, weil es andere Kräuter leicht geschmacklich überdeckt. Frischer Liebstöckel wird feingehackt auch kräftiger Rohkost wie Weißkohl und Rettich beigemischt. Getrockneten Liebstöckel zerreibt man zwischen den Fingern. Er ist fast noch aromatischer als das frische Kraut.

Majoran

Majoran gibt es im Sommer frisch zu kaufen. Man kann das Kraut in Töpfen und Kästen in sandiger Komposterde ziehen. Auspflanzen soll man es erst Ende Mai an einen windgeschützten, sonnigen Platz, da Majoran sehr frostempfindlich ist. Die einjährigen Pflanzen werden etwa

50 cm hoch. Die kleinen, dunkelgrünen Blätter haben einen kräftigen, schwach salzigen und leicht brennenden Geschmack. Majoran regt den Stoffwechsel und die Verdauung an und macht fette Speisen leichter bekömmlich. Er ist das bevorzugte Kraut des Metzgers, der Würste, vor allem fette Leberwurst, damit würzt. Getreiderohkost und Kartoffelsalate werden mit Majoran kräftig im Geschmack und leicht verträglich.

Minze

Jeder kennt die getrocknete Pfefferminze, die als Tee so wohltuend bei Magenbeschwerden, Kopfweh und Übelkeit wirkt. Nur wenige wissen, daß sich die frischen, kühlenden Blätter auch als Würzkraut eignen. Die bei uns häufigste Pfefferminze ist eine Kreuzung aus Wasserminze und grüner Minze. Auch von der Pfefferminze gibt es verschiedene Sorten. Apfelminze, Ananasminze und Orangenminze sind Züchtungen, die ihren Namen jeweils ihrem köstlichen Aroma verdanken. Wer Pfefferminze selbst ziehen will, kauft sich die Pflanze beim Gärtner. Sie stellt keine besonderen Ansprüche an den Boden, muß nur gut feucht gehalten werden. Frische Minzeblätter können in kleinen Mengen feingehackt jeder Rohkost beigemischt werden. Besonders gut rundet sie den Geschmack von Möhren, Erbsen, rote Bete und Schwarzwurzeln ab.

Oregano

Dost oder wilder Majoran wird dieses Küchenkraut auch genannt. Oregano wächst in südeuropäischen Ländern auf trockenem, karstigem Boden wild, wird aber auch angebaut. Zur Zeit der Blüte ist die Luft erfüllt von seinem würzigen Duft. Er enthält Gerb- und Bitterstoffe sowie ätherische Öle. Oregano wirkt nervenstärkend und entkrampfend. Der Oregano in unseren Gärten hat nicht die Aromafülle des südländischen. Für den Winter kauft man deshalb getrockneten Oregano aus Italien. Mit frischem Oregano kann man Rohkost und Salaten eine südliche Note verleihen. Er schmeckt ähnlich wie Majoran, vielleicht ein wenig schärfer. Tomaten, Zucchini, Kürbis, Zwiebeln vertragen sich sehr gut mit diesem Kraut. Andere Kräuter, wie Basilikum, Thymian und Rosmarin, lassen sich ohne weiteres mit Oregano kombinieren. Mit dem echten Majoran harmoniert er allerdings nicht.

Pimpinelle

Die Gartenpimpinelle, eine sehr alte Würzpflanze, stammt aus Südeuropa. Die rundlichen Blätter schmecken mild würzig, säuerlich nußartig und leicht nach Gurke. Die Pimpinelle ist reich an Vitaminen, wirkt verdauungsfördernd und entwässernd. Man kann sie mit anderen, mildschmeckenden Kräutern zu jeder Rohkost geben. Zum Trocknen eignet sie sich nicht.

Rosmarin

In seinen Heimatländern Südfrankreich, Dalmatien und Italien wächst Rosmarin in großen Mengen wild. Rosmarin fand schon im Altertum als Heilpflanze Verwendung. Heute schätzt ihn die Naturheilkunde als anregendes, blutdrucksteigerndes Mittel. Rosmarin gedeiht bei uns am besten in Kübeln und Pflanzschalen, in humusreicher Erde an einem sonnigen Platz. Er kann den Winter im Freien überdauern, braucht aber einen guten Frostschutz wie Stroh oder Fichtenzweige. Rosmarin schmeckt schwach bitter, harzig und kampferartig. In kleinen Mengen ist er für jede Rohkost geeignet. Besonders gut paßt er sehr fein gehackt zu Möhren, Tomaten, Gurken, Zucchini und Kürbis.

Salbei

Dieses Kraut wächst auch bei uns wild auf trokkenen, mageren Wiesen. Salbei stammt wie viele Gewürzkräuter aus dem Mittelmeerraum. Der Gartensalbei ist würziger als der wildwachsende. Salbei stellt keine Ansprüche an den Boden, liebt Wärme wie alle Kräuter und übersteht den Winter im Freien. Man pflanzt ihn im Mai im Garten oder in einem tiefen Balkonkasten;
2–3 Pflanzen genügen. Sie wachsen rasch, werden zu üppigen, etwa 50 cm hohen Büschen und treiben im Frühjahr wieder aus. Salbei enthält kampferartiges ätherisches Öl, Bitterstoffe und viel Gerbstoffe. Der Gerbsäure verdankt das Kraut seine zusammenziehende und etwas antiseptische Wirkung. Salbeitee ist ein gutes Hausmittel gegen Entzündungen in Mund und Rachen, eignet sich hervorragend zur Zahnfleischpflege und wirkt anregend auf Leber und Galle. Salbei gibt man zu Kartoffelsalaten und Getreiderohkost – auch aus Gerste oder Roggen – und kombiniert ihn mit anderen Kräutern in Saucen für Rohkost aus Wurzel- und Fruchtgemüse. Er verträgt sich gut mit Basilikum, Bohnenkraut, Minze, Oregano und Thymian.

Thymian

Auch Thymian stammt aus dem Mittelmeerraum; wilden Thymian gibt es auch bei uns. Zerreibt man die winzigen Blätter, duften sie so würzig wie der Gartenthymian; doch dieser würzt stärker, erinnert im Geschmack an Majoran und beißt ein wenig auf der Zunge. Thymian wirkt stabilisierend auf Magen und Nerven, als Tee getrunken schleimlösend bei Husten. Will man Thymian selbst ziehen, läßt man ihn in Schalen keimen und setzt die 10 cm großen Pflänzchen im Mai ins Kräuterbeet. Thymian liebt einen kalkhaltigen leichten Boden und Sonne. Er gedeiht jedoch auch im Blumentopf. Thymian ist für Rohkost nur in kleinen Mengen zu verwenden. Er paßt zu jeder Getreiderohkost und harmoniert mit anderen Kräutern wie Knoblauch, Petersilie, Rosmarin und Salbei. Besser geeignet für Rohkost ist Zitronenthymian, da er mit seinem feinen, duftigen Zitronenaroma geschmacklich nicht so sehr dominiert.

Zitronenmelisse

Aus diesem klassischen Salatkraut bereiteten die Karmelitermönche schon im 17. Jahrhundert Melissengeist, der auch heute noch bei Kopfschmerzen, Übelkeit und Abgeschlagenheit hilft. Zitronenmelisse ist winterhart, liebt einen sonnigen Platz im Garten, läßt sich jedoch auch im Balkonkasten ziehen. Ihr erfrischender, würziger Geschmack und das feine Zitronenaroma machen die Melisse zu einem der beliebtesten Würzkräuter. Man gebraucht möglichst nur die kleinen, noch weichen Blättchen. Zitronenmelisse verliert beim Kochen, aber auch durch Trocknen ihr Aroma und wird deshalb stets nur frisch verwendet.

Vom Umgang mit Kräutern und Gewürzen

Die Würz- und Heilkräfte der Kräuter und Gewürze sollten Sie als Zutat in Rohkost und Salat genießen. Deshalb muß man folgendes beachten:

- Frische Kräuter aus dem eigenen Garten, vom Balkon oder der Fensterbank erst kurz vor der Verarbeitung ernten.
- Die Kräuter kalt abspülen, leicht schütteln, damit das Wasser abtropft und in einem reinen Küchentuch oder in der Salatschleuder trockenschleudern.
- Die Kräuter erst unmittelbar bevor sie dem jeweiligen Gericht beigegeben werden, auf einem Porzellan- oder Marmorbrett – nicht auf einem Holzbrett – fein hacken oder wiegen. Der Kräutersaft zieht ins Holz ein.
- Sind die Kräuterstiele sehr hart oder holzig, nur die abgezupften Blätter oder Blüten verwenden, sonst können auch Stiele und Zweiglein mitgehackt werden.
- In der Kräutermühle oder gar in der elektrischen Küchenmaschine werden die Kräuter eher zerrissen und zerquetscht als zerschnitten. Dabei werden unnötig viele Zellen zerstört. Die Kräuter »bluten aus«.
- Zerkleinerte Kräuter nie längere Zeit stehen lassen, auch nicht zugedeckt, sondern gleich in die Sauce geben. Salatöl – die gehackten Kräuter müssen ganz davon überzogen sein – konserviert die flüchtigen Stoffe in den Kräutern. Nur so können gehackte Kräuter auch einige Zeit aufbewahrt werden.
- Frische Kräuter, die nicht sofort verwendet werden können, bewahrt man folgendermaßen auf: die Kräuter kalt abspülen, völlig trockenschleudern und die Stielenden etwas kürzen. Auf den Boden eines Schraubglases eine Lage saugfähiges Papier legen (Küchenkrepp, Papiertaschentuch), die Kräuter unzerkleinert mit den Stielen nach oben in das Glas stecken und das Glas gut zuschrauben.
- Getrocknete, geriebene Kräuter werden häufig in Döschen abgepackt angeboten. Die Döschen nach Gebrauch immer wieder gut verschließen, damit die Kräuter nicht ausduften. Selbstgezogene, getrocknete Kräuter und gekaufte, in Tütchen abgepackte Kräuter in dunkle Schraubgläser füllen. Die Gläschen gibt es in verschiedenen Größen in Apotheken zu kaufen. Die Gläser entsprechend beschriften. So vermeidet man beim Würzen Mißgriffe. Sie behalten ihren Duft und ihr Aroma 6–12 Monate.
- Getrocknete Kräuter vor dem Gebrauch zwischen Daumen und Zeigefinger noch kleiner zerkrümeln, das erhöht die Würzkraft. Außerdem eine Zeitlang in der Sauce ziehen lassen.
- Getrocknete Kräuter zurückhaltend verwenden, manche schmecken recht scharf.
- Alle Gewürze, ob Samengewürz wie Anis, Fenchel, Koriander, Kümmel, Pfeffer oder Fruchtgewürz oder Chilischoten, Paprikapulver, Wacholderbeeren, aber auch Zimtstangen, Nelken, Ingwerwurzel sowie getrocknete Kräuter dunkel und luftdicht verschlossen aufbewahren.
- Wenn möglich, alle Gewürze unzerkleinert kaufen und erst kurz vor der Verwendung mahlen oder reiben.
- Zum Mahlen von Gewürzen leistet eine Handkaffeemühle, bei der sich die Feineinstellung regulieren läßt, gute Dienste. Das Kästchen, in das das Mahlgut fällt, nach jedem Gebrauch auf der Handfläche ausklopfen und die Mühle geöffnet stehen lassen, damit sie ausduften kann und keine ungewollten Gewürzmischungen entstehen.
- Ingwerwurzel, frisch oder getrocknet, und Muskatnuß auf einer feinen Reibe direkt in die Salatsauce reiben. Wacholderbeeren gut zerdrücken.
- Alle Gewürze nur sparsam verwenden, weil sie, verglichen mit frischen Kräutern, sehr intensiv würzen und geschmacklich gern dominieren.

Grundrezepte für Saucen

Zu jedem Rezept dieses Buches gehört selbstverständlich auch eine Sauce, denn erst sie macht den Geschmack. Die dafür beschriebenen Grundrezepte sollen eine Hilfe sein, wenn Sie selbst Rohkostgerichte erfinden wollen.

Sauce mit Schafkäse

100 g Schafkäse · 1 Tasse Vollmilch · 50 g schwarze Oliven · 2–3 Eßl. frisch gehacktes Basilikum

Den Schafkäse zerdrücken und mit der Milch geschmeidig rühren. Die Oliven entsteinen, kleinschneiden und unter die Käsecreme rühren. Das Basilikum waschen, trockenschleudern, feinhakken und unter die Sauce heben.

Tip: Schafkäsesauce paßt gut zu Eissalat, Chinakohl, Gurken, besonders aber zu Blattsalat mit Tomaten, Paprikaschoten und Zwiebeln.

Sauce mit Nußmus

3 Eßl. Haselnuß- oder Mandelmus · 4 Eßl. Orangensaft · 1 Teel. unbehandelte, abgeriebene Orangenschale · 1 kleine Prise gemahlener Macis

Das Nußmus mit dem Orangensaft verrühren und mit der geriebenen Orangenschale und dem Macis würzen.

Tip: Nußmus-Sauce paßt in dieser Form gut zu Obstsalaten. Auch Getreidesalate schmecken mit dieser Sauce. Dann jedoch 2–3 Eßlöffel mehr Nußmus nehmen, statt Orangensaft 1–2 Eßlöffel Zitronensaft und ½–1 Teelöffel Salz zufügen.

Zitronen-Öl-Sauce

¼ Teel. Meersalz · 1 Teel. Ahornsirup oder Dicksaft · 2 Eßl. Zitronensaft · 6 Eßl. kaltgepreßtes Öl · Gewürze nach eigener Wahl wie Anis, Cayennepfeffer, Currypulver, Fenchel, Ingwer, Kapern, Knoblauch, Kümmel, Macis, Meerrettich, Muskat, Paprikapulver, Piment, Senf, frische Kräuter.

Das Salz mit dem Ahornsirup oder Dicksaft und dem Zitronensaft verrühren, bis es sich aufgelöst hat. Das Öl zugießen und rühren, bis die Sauce cremig ist. Die Sauce mit den Gewürzen ihrer Wahl abschmecken, jedoch nicht zuviel verschiedene Gewürze verwenden. Frische Kräuter waschen, trockenschleudern, fein hacken oder wiegen und unter die Sauce mischen. Getrocknete Kräuter zerreiben und in der Salatsauce ziehen lassen. Frische Kräuter können auch zuletzt unter den fertigen Salat gehoben werden; dann die Kräuter jedoch erst kurz vor dem Servieren zerkleinern.

Sahne-Zitronen-Sauce

¼ Teel. Meersalz · 1 Teel. Ahornsirup · 1 Eßl. Zitronensaft · 1–2 Messerspitzen gemahlene Gewürze · ⅛ l süße oder saure Sahne

Das Salz mit dem Ahornsirup, dem Zitronensaft und den Gewürzen verrühren, bis das Salz völlig aufgelöst ist. Die Sahne zugießen und rühren, bis sich alle Zutaten miteinander verbunden haben.

Variante: Für Obstrohkost die Sauce nicht salzen, den Zitronensaft nach Belieben durch 2 Eßlöffel Orangensaft ersetzen und die Sauce mit 2 Eßlöffeln feingehackten Mandeln oder Nüssen anreichern.

Essig-Öl-Sauce

½ Knoblauchzehe · ½ Teel. Meersalz · 2 Eßl. Apfelessig oder sehr guter Weinessig · 1 Teel. Senf · 1 Prise frisch gemahlener Pfeffer · 6 Eßl. kaltgepreßtes Olivenöl · reichlich frische Kräuter

Die Salatschüssel mit der Schnittfläche der Knoblauchzehe ausreiben. In einem anderen Gefäß den Essig mit dem Meersalz, Senf und Cayennepfeffer verrühren, bis sich das Salz aufgelöst hat. Das Öl zugießen und die Sauce rühren, bis sie cremig ist. Die Kräuter waschen, trockenschleudern, hacken oder wiegen und unter die Sauce mischen oder zuletzt zerkleinern und unter den fertigen Salat heben.

Tip: Olivenöl paßt geschmacklich besonders gut zu dieser pikanten Sauce. Es kann aber auch jedes andere kaltgepreßte Öl verwendet werden. Pfeffer, ein klassisches Gewürz der Essig-Öl-Sauce, ist recht geschmacksintensiv und überdeckt leicht andere Gewürze. Ich selbst würze deshalb stattdessen gern mit einem Hauch Cayennepfeffer oder frischgemahlenem Piment.

Sauermilchsauce

¼ Teel Meersalz · ½ Teel. Honig oder Dicksaft · 1 Eßl. Zitronensaft · 6 Eßl. Dickmilch oder Joghurt · 2 Messerspitzen gemahlene Gewürze · 2 Eßl. kaltgepreßtes Öl · frische Kräuter

Das Salz mit dem Honig oder Dicksaft und Zitronensaft verrühren, bis sich das Salz aufgelöst hat. Die Dickmilch oder den Joghurt, die Gewürze und das Öl zufügen und die Sauce mit dem Schneebesen schlagen, bis sie cremig ist und sich das Öl mit der Dickmilch gut verbunden hat.

Die Kräuter waschen, trockenschleudern, fein hacken oder wiegen und unter die Sauce rühren.

Variante: Die Sauce mit 2 Eßlöffeln Gomasio (Sesamsalz) würzen. Das paßt gut zu Fenchel und Kohlrabi; oder 1 Eßlöffel frisch geriebenen Meerrettich an die Sauce geben; das paßt gut zu rote Bete, Rotkohl und Wirsing.

Mayonnaise

1 Eigelb · ¼ Teel. Salz · 1 Messerspitze Senfpulver · 1 kleine Prise Cayennepfeffer · 3 Teel. Zitronensaft · ½ Teel. Dicksaft · ⅛ l Sonnenblumenöl

Damit die Mayonnaise nicht gerinnt, müssen alle Zutaten Zimmertemperatur haben. Das Eigelb, Salz, Senfpulver, den Cayennepfeffer, 1 Teelöffel Zitronensaft, den Dicksaft mit dem Schneebesen verrühren. Zuerst tropfenweise unter ständigem Rühren das Öl zugießen. Wenn die Masse dick wird, etwas Zitronensaft unterrühren. Jetzt teelöffelweise Öl unterrühren und wieder etwas Zitronensaft zufügen. Wenn etwa die Hälfte des Öls verbraucht ist, kann der Rest unter ständigem Rühren in einem feinen Strahl zugegossen werden. Die fertige Mayonnaise ist cremig-dick und glänzend.

Variante: Diese Grundmayonnaise kann mit frischen Kräutern, gehackten Kapern, Oliven und Zwiebeln variiert werden. Ist eine leichtere Mayonnaise gewünscht, kann man sie mit einigen Eßlöffeln Joghurt oder Dickmilch strecken.

Frühlings- und Sommer-Rohkost

Spinat

»Spinat ist gesund«, werden immer noch viele Kinder belehrt und so gezwungen, den Teller mit dem grünen Brei leer zu essen. Wie gesund Spinat nun wirklich ist, hängt von seiner Anbauweise, vor allem von der Düngung und natürlich auch von der Zubereitung ab. Spinat von überdüngten Böden kann sogar gesundheitsschädlich sein. Enthält der Boden zuviel Stickstoff – auch aus organischer Düngung – wird in den Spinatpflanzen Nitrat angereichert. Nitrat kann unter Einwirkung von Bakterien das giftige Nitrit bilden, und dieses verbindet sich mit bestimmten Eiweißmolekülen (Aminosäuren) zu möglicherweise krebserregenden Nitrosaminen. Vorsicht also bei besonders schönem, großblättrigem, dunkelgrünem Spinat! Frühjahrsspinat aus Freilandanbau gibt es von März bis Mai. Spinat ist reich an Vitaminen und Mineralstoffen und gerade im Frühjahr, wenn es noch wenig grünes Blattgemüse gibt, viel zu schade zum Dünsten.

Spinatrohkost oder Florentinersalat

Für die Sauce: 1 kleine Knoblauchzehe · ½ Teel. Meersalz · 1 Messerspitze Macispulver · 1 Eßl. Zitronensaft · 1 Eßl. Öl · 6 Eßl. saure Sahne · ½ Bund Petersilie
250 g Spinat · 50 g Brunnenkresse · 2–3 Frühlingszwiebeln oder 2 Schalotten

Pro Portion: etwa 295 Joule/70 Kalorien
Zubereitungszeit: 20 Minuten

Die Knoblauchzehe schälen, hacken, mit dem Salz bestreuen und der Messerklinge zerdrükken; dann mit dem Macispulver und dem Zitronensaft verrühren. Das Öl zufügen und alles mit dem Schneebesen rühren, bis die Sauce dicklich wird. Die saure Sahne zufügen und weiterrühren, bis die Sauce cremig und ein wenig schaumig ist. Die Petersilie waschen, trockenschleudern, fein hacken und unter die Sauce rühren. Den Spinat verlesen, die Stielenden etwas kürzen und zusammen mit der Brunnenkresse in viel kaltem Wasser mehrmals waschen, bis das Wasser klar bleibt. Den Spinat und die Brunnenkresse abtropfen lassen und trockenschleudern. Große Spinatblätter kleiner schneiden; bei jungem Spinat ist das nicht nötig. Die Brunnenkresse hacken. Die Frühlingszwiebeln waschen und mit dem Zwiebelgrün kleinschneiden (Schalotten schälen und fein hacken). Die Brunnenkresse und den Spinat mit den Zwiebeln oder Schalotten mischen, mit der Salatsauce übergießen und diese vorsichtig unterheben.

Tip: 2 Eßlöffel Sesamsamen ohne Fett in der Pfanne unter Rühren kurz rösten und den angerichteten Spinatsalat damit bestreuen.

Spinat mit Äpfel und Möhren

Für die Sauce: 2 Messerspitzen Meersalz · 1 Teel. Honig · 2 Teel. Zitronensaft · 1 Messerspitze frischgeriebene Ingwerwurzel · 1 Messerspitze gemahlener Piment · 1 Eßl. Mandelblättchen · ⅛ l Sahne · 150 g Spinat · 250 g Möhren · 2 Äpfel · 2 Teel. Zitronensaft · 1 Eßl. blättrig geschnittene Mandeln

Pro Portion: etwa 1115 Joule/265 Kalorien
Zubereitungszeit: 20 Minuten

Das Salz mit dem Honig, Zitronensaft, Ingwer, Piment und den gemahlenen Mandeln verrühren. Die Sahne halb steif schlagen und mit den verrührten Zutaten mischen. Die Möhren gründlich unter fließendem Wasser bürsten, braune Stellen und die Blattgrünansätze abschneiden, dann die Möhren grob raspeln. Die Äpfel waschen, von schlechten Stellen befreien, ungeschält um das Kerngehäuse herum ebenfalls grob auf die Möhren raspeln, mischen und mit dem Zitronensaft beträufeln. Den Spinat verlesen, waschen, trokkenschleudern, in dünne Streifen schneiden und mit den Möhren und Äpfeln mischen. Die Sahnesauce unterheben und das Ganze mit den Mandelblättchen bestreuen.

Radieschen

Gleichzeitig mit dem ersten Kopfsalat aus dem Frühbeet werden die ersten Radieschen und bald darauf auch Rettiche aus Freilandanbau geerntet. Die Radieschen, noch klein, kugelrund

Jede Rohkostplatte läßt sich mit den appetitlichen Radieschen wunderbar garnieren. Für Salat werden sie wie Gurken in Scheibchen gehobelt.

mit frischem Laub, haben zu dieser Zeit besonders viel Aroma und nicht die beißende Schärfe wie zuweilen im späteren Jahr. Radieschen und Rettich verdanken ihre Schärfe dem Senföl, das sich bei diesen Pflanzen in den Wurzeln findet. Beide, ganz besonders der sehr scharfe schwarze Rettich, sind bei Leber- und Gallenbeschwerden zu empfehlen; zudem regen sie den Stoffwechsel an. Auch heißt es, daß Rettiche, vorausgesetzt man ißt genügend davon, schlank machen und erhalten.

Radieschen mit Schnittlauch

Für die Sauce: ½ Teel. Kräutersalz · ½ Teel. Honig · ¼ Teel. gemahlener Kümmel · 1 Eßl. Apfelessig · 5 Eßl. Dickmilch · 1 Eßl. Öl
2–3 Bund Radieschen · 1 Bund Schnittlauch

Pro Portion: etwa 250 Joule/60 Kalorien
Zubereitungszeit: 20 Minuten

Das Kräutersalz mit dem Honig, Kümmel und Apfelsaft verrühren, bis sich das Kräutersalz völlig aufgelöst hat; dann das Öl unterrühren. Die Radieschen mit den Blättern gründlich waschen, abtropfen lassen und die dünnen Wurzelenden und die Blätter abschneiden. Die Blätter trockenschleudern und sehr fein hacken. Die Radieschen dünn in die Sauce hobeln. Den Schnittlauch waschen, abtropfen lassen, kleinschneiden und zusammen mit den gehackten Radieschenblättern den Radieschen beigeben.

Variante: Rettichrohkost
1 großen weißen Rettich waschen, grob raspeln, mit etwas Kräutersalz bestreuen, mit 1 Tasse Sahne übergießen und 5 Minuten durchziehen lassen. 2 gewaschene, ungeschälte Äpfel fein darüber reiben, mit 1 Teelöffel Apfeldicksaft und 1 Eßlöffel Zitronensaft beträufeln und mischen.

Tip: Buchweizengrütze paßt geschmacklich sehr gut zu diesem Salat. Buchweizen- und Retticheiweiß ergänzen einander zu einer hohen biologischen Wertigkeit.

Rettich mit Tomaten

Für die Sauce: ½ Teel. Meersalz · je 1 Messerspitze gemahlener Koriander und Piment · 1 Eßl. Zitronensaft · 2 Eßl. Öl · je 1 Zweig Basilikum und Estragon (beides frisch) · 4 Eßl. saure Sahne
500 g weiße oder rote Rettiche · 250 g Tomaten, ersatzweise rote Paprikaschoten · 1 Bund Petersilie

Pro Portion: etwa 420 Joule/100 Kalorien
Zubereitungszeit: 15 Minuten

Das Salz mit dem Koriander, Piment und Zitronensaft verrühren, bis sich das Salz völlig aufgelöst hat; das Öl unterrühren. Das Basilikum und den Estragon waschen, abtropfen lassen, fein hacken und in die Sauce geben. Die Kräuter 5 Minuten darin ziehen lassen, dann die saure Sahne zufügen. Den Rettich und die Tomaten waschen und trockentupfen. Die Blätter vom Rettich abschneiden, den Rettich in nicht zu dünne Scheiben und diese wiederum in kleine Würfel schneiden. Die Tomaten ebenfalls würfeln und mit den Rettichwürfeln unter die saure Sahnesauce heben. Die Petersilie waschen, trokkenschleudern, fein hacken und darüberstreuen.

Bayerischer »Radi«

Es gibt wohl keine bayerische Hausfrau und nur wenig bayerische Mannsbilder, die nicht verstünden, einen »Radi«, nämlich weißen Bierrettich, kunstvoll für die Brotzeit zu schneiden. Für jeden »Brotzeitler« braucht man einen schönen weißen Rettich, Salz, als Beilage Vollkornbrot und Butter und in Bayern natürlich auch noch ein kühles Bier. Für alle, die keine Biertrinker sind, ein Tip: Buttermilch schmeckt fast noch besser dazu.

Zum Schneiden benötigt man einen Rettichschneider, ein längliches, schwach gebogenes Messer, an einem Ende mit einem spitzen Zapfen, am anderen mit einem Ring versehen.

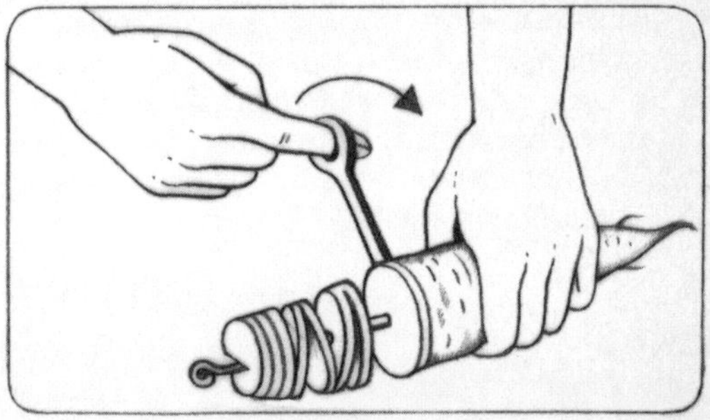

Mit Hilfe eines Rettichschneiders läßt sich »Radi« problemlos in spiralförmig zusammenhängende Scheiben schneiden.

Den Zapfen steckt man in die Mitte des dicken Endes vom Rettich. Durch ständiges Drehen des Messers wird der Rettich spiralförmig in gleichmäßig dünne, zusammenhängende Scheiben geschnitten. Wenn kein Rettichschneider zur Hand ist, schneidet man den Rettich mit einem scharfen Küchenmesser in dünne Scheiben, jedoch nicht ganz durch. Zwischen die aufgeblätterten Rettichscheiben streut man Salz und läßt den Rettich 5 Minuten stehen. Saft bildet sich, der Rettich beginnt zu »weinen«. Nun ist er fertig zum Genuß.

Spargel

Spargel gibt es aus heimischen Anbau von Mitte Mai bis Johanni (24. Juni). Dieses Gemüse setzt dem späten Frühling ein besonderes lukullisches Glanzlicht auf. Die weißen Sprossen, die vollkommen lichtlos in der Erde wachsen, enthalten unter anderem Calcium, Eisen, Kalium, Kupfer und Phosphor. Eisen und Phosphor regen die Bildung der roten Blutkörperchen an, Calcium ist für den Knochenaufbau wichtig. Spargel wirkt außerdem entwässernd. Daß man ihn roh und damit »vollwertig« genießen kann, hat sich bis jetzt noch nicht herumgesprochen.

Spargel mit Radieschen

Für die Sauce: 1 Teel. Kräutersalz · 1 Teel. Apfel- oder Birnendicksaft · 1 kleine Prise gemahlene Ingwerwurzel · 1 Eßl. Zitronensaft · 1 Eßl. Öl · 2–3 Schalotten oder 1 kleine Zwiebel · ½ Tasse Gemüsebrühe · ⅛ l süße Sahne · Frische Kräuter (Basilikum, Dill, Estragon, Petersilie), ersatzweise je ½ Teel. getrocknetes Basilikum und getrockneten Estragon und ½ Bund frische Petersilie
1 kg Spargel · 1 Bund Radieschen

Pro Portion: etwa 880 Joule/210 Kalorien
Zubereitungszeit: 40 Minuten

Das Kräutersalz mit dem Dicksaft, Ingwer, Zitronensaft und Öl verrühren, bis sich das Kräutersalz völlig aufgelöst hat. Die Schalotten oder die Zwiebel schälen und in kleine Würfel schneiden, mit der Gemüsebrühe zugeben und alle Zutaten gründlich verrühren. Die Sahne zugießen und mit dem Schneebesen rühren, bis die Sauce dicklich wird. Die Kräuter waschen, trockenschleudern, fein hacken (getrocknete Kräuter zwischen den Fingern zerreiben) und unter die Sauce mengen. Den Spargel waschen und sorgfältig schälen. Die Stangen in 1–2 cm lange Stücke schneiden, mit der Sauce übergießen und behutsam durchheben. Die Radieschen waschen, in Scheiben oder zu Röschen schneiden und den Spargel damit garnieren.

Tip: Die Spargelschalen in Wasser auskochen. Den Sud abseihen, mit gekörnter Gemüsebrühe und ein wenig Honig würzen und als Trinkbrühe reichen.

Brennesseln mit Äpfeln, Hüttenkäse und Walnüssen

Die ersten Brennesselsprossen im Frühjahr sind so zart und wohlschmeckend, daß man sie unbedingt roh essen soll. Die Heilkraft dieser Pflanze ist seit langer Zeit bekannt. Brennesseln enthalten viel Eisen und Kieselsäure, wirken blutbildend, entschlackend und anregend auf Magen, Darm und Nieren.

Für die Sauce: ¼ Teel. Meersalz · je 1 Messerspitze gemahlener Fenchel und Macispulver · 2 Eßl. Zitronensaft · 6 Eßl. Öl
200 g Brennesseln · 2 Äpfel · 100 g möglichst trockener Hüttenkäse · 60 g gehackte Walnußkerne

Pro Portion: etwa 1220 Joule/290 Kalorien
Zubereitungszeit: 20 Minuten

Das Salz mit dem Fenchel, Macispulver und Zitronensaft verrühren, bis sich das Salz völlig aufgelöst hat. Das Öl zugießen und mit dem Schneebesen rühren, bis die Sauce cremig ist. Die Brennesselspitzen waschen, abtropfen lassen und trockenschleudern. Die Äpfel waschen, abtrocknen, vierteln und vom Kerngehäuse befreien. Die Apfelviertel in dünne Scheiben und diese in Stifte schneiden. Die Brennesseln fein hacken und mit den Apfelstiften mischen. Den Hüttenkäse in kleine Würfel schneiden und darauf verteilen. Zum Schluß die gehackten Walnüsse darüberstreuen. Die Sauce darübergießen und behutsam durchheben.

Sehr wohlschmeckend und sättigend sind Paprikaschoten mit Apfelquark gefüllt. Rezept Seite 33.

Brennesseln mit Feigen

Für die Sauce: ¼ Teel. Meersalz · 1 Teel. Honig · 1 Messerspitze geriebene Ingwerwurzel · 1 Prise gemahlene Nelken · 1 Eßl. Zitronensaft · 3 Eßl. naturreiner Quittensaft · 4 Eßl. Öl
300 g Brennesselspitzen · 100 g ungeschwefelte, getrocknete Feigen · 1 Zweig frische Pfefferminze

Pro Portion: etwa 760 Joule/180 Kalorien
Zeit zum Einweichen für die Feigen: 12 Stunden
Zubereitungszeit: 15 Minuten

Die Feigen von Wasser bedeckt mindestens 12 Stunden, am besten über Nacht, quellen lassen. Für die Sauce das Salz mit dem Honig, Ingwer- und Nelkenpulver, dem Zitronen- und Quittensaft verrühren, bis sich das Salz völlig aufgelöst hat. Das Öl zugießen und mit dem Schneebesen rühren, bis sich alle Zutaten gut miteinander verbunden haben. Die Feigen abtropfen lassen und grob würfeln. Die Brennesseln waschen, abtropfen lassen, trockenschleudern und fein hacken. Die Pfefferminze ebenfalls fein wiegen. Die Feigen mit den Brennesseln und der Minze mischen, mit der Sauce übergießen und alles behutsam durchheben.

Kohlrabi

Zum jungen Gemüse des Frühsommers gehört auch der Kohlrabi. Die ersten Exemplare, die es zu kaufen gibt, sind noch klein und recht teuer. Wer dieser Delikatesse nicht widerstehen kann, sollte die zarten Knollen so dünn wie möglich schälen und ohne jede weitere Zutat einfach so genießen. Wartet man noch einige Wochen ab, sind die angebotenen Kohlrabi bereits wesentlich größer, kräftiger im Geschmack und ideal für Rohkostgerichte geeignet. Ob ein Kohlrabi holzig ist, sieht man ihm von außen nicht an. Die Erfahrung hat mich gelehrt, daß gerade die geplatzten Knollen mit schrundiger Schale oft die zartesten sind. Bei dicken Exemplaren – auch aus biologischem Anbau – ist die Gefahr, daß sie holzig sind, größer. Kohlrabi nicht länger als 2–3 Tage kühl und nicht zu trocken aufbewahren.

Kohlrabi mit Wildkräutern und Haselnüssen

Für die Sauce: ¼ Teel. Meersalz · 1 Messerspitze geriebene Muskatnuß · 1 Prise gemahlener Kümmel · 1 Eßl. Zitronensaft · 1 Eßl. Öl · ⅛ l saure Sahne · frische Kräuter (Borretsch, Dill, Pfefferminze, Schnittlauch, Zitronenmelisse)
3–4 mittelgroße Kohlrabiknollen · 1 Handvoll Brennesselspitzen, Löwenzahn und Schafgarbe · 1 Eßl. frische Holunderblüten · 2 Eßl. gehackte Haselnüsse

Pro Portion: etwa 760 Joule/180 Kalorien
Zubereitungszeit: 30 Minuten

Das Salz, den Muskat, Kümmel und Zitronensaft verrühren, bis sich das Salz völlig aufgelöst hat. Das Öl unterrühren. Die saure Sahne zugießen und rühren, bis die Sauce cremig wird. Die Gartenkräuter waschen, trockenschleudern, fein hacken und unter die Sauce mengen. Die Kohlrabiblätter waschen und aufbewahren. Die Kohlrabi dünn schälen, vierteln und mittelfein reiben. Die Kohlrabiblätter fein schneiden. Die gröberen mit anderen »Gemüseabfällen« aufbewahren und zu einer Gemüsebrühe auskochen. Die Wildkräuter und die Holunderblüten waschen, trockenschleudern, fein hacken und mit dem Kohlrabi und den kleingeschnittenen Blättern

Den Möhren-Muntermacher-Trunk sollte man langsam – Schluck für Schluck – genießen. Rezept Seite 49

mischen. Die Sauce darübergießen, unterheben und die Kohlrabirohkost mit den gehackten Haselnüssen bestreuen.

Variante: Kohlrabi mit Erbsen
Eine Sauce aus ½ Teelöffel Kräutersalz, ½ Teelöffel Honig, 1 Prise gemahlenem Anis, 1 Eßlöffel Zitronensaft, 1 Eßlöffel Öl und ⅛ l süßer Sahne anrühren. 2 Kohlrabiknollen schälen, fein reiben und mit 200 g enthülsten Erbsen – das sind etwa 750 g Erbsen in den Schoten – mischen. 1 Eßlöffel sehr fein gehackte frische Pfefferminzblätter und die feingehackten zarten Kohlrabiblätter zufügen. Die Sauce darübergießen und behutsam unterheben.

Erbsen

Junge Erbsen sind eine Delikatesse. Viel zu selten bekommt man sie frisch in guter Qualität zu kaufen. Die kurze Erbsensaison dauert etwa von Anfang bis Mitte Juli. Die jungen Zuckerschoten, die winzige, süße Erbsen enthalten, ergeben im ganzen eine köstliche Rohkost. Von Markerbsen kann man dagegen die Schoten nicht mitessen. Die Erbsen schmecken roh auch nur gut, wenn sie jung und ihre Hülsen noch grün und saftig sind. Pahlerbsen eigenen sich nicht für Rohkost, sind jedoch gedünstet ein leckeres Gemüse. Erbsen sind eiweißreich, enthalten besonders viel Vitamin E und B-Vitamine.

Erbsenrohkost mit Sauerrahmsauce

Für die Sauce: ½ Teel. Kräutersalz · 1 Teel. Honig · 1 Prise gemahlener Fenchel · 1 Messerspitze gemahlener Koriander · 2 Teel. Zitronensaft · 1 Eßl. Öl · ⅛ l saure Sahne · je ½ Bund Petersilie und Dill
375 g enthülste junge Markerbsen (etwa 1,25 kg Erbsen in den Schoten) · einige Kopfsalatblätter · 2 Eßl. Sesamsamen

Pro Portion: etwa 880 Joule/210 Kalorien
Zubereitungszeit: 20 Minuten

Das Kräutersalz mit dem Honig, Fenchel, Koriander und Zitronensaft verrühren, bis sich das Kräutersalz völlig aufgelöst hat. Das Öl unterrühren und die saure Sahne zugießen. Die Sauce rühren, bis sich alle Zutaten gut miteinander verbunden haben. Die Kräuter waschen, trockenschleudern, etwas Petersilie zurückbehalten, den Rest mit dem Dill fein hacken und zu der Sauce geben. Die Erbsen aus den Hülsen streifen, kurz kalt überbrausen und abtropfen lassen. Die Salatblätter waschen, trockenschleudern und eine Salatschüssel damit auslegen. Den Sesam ohne Fettzugabe unter Wenden in der Bratpfanne goldgelb rösten, mit den Erbsen mischen und auf die Salatblätter füllen. Die Erbsen mit der Sauerrahmsauce übergießen und mit der restlichen Petersilie garnieren.

Zuckererbsenschoten mit Champignons

Für die Sauce: 1 Messerspitze Meersalz · 1 Eßl. Dicksaft · 1 Messerspitze geriebene Ingwerwurzel · 1 Prise gemahlener Anis · 1 Eßl. Zitronensaft · 3 Eßl. naturreiner Apfelsaft · 4 Eßl. Öl · frische Pfefferminzblätter (etwa 1 Eßl. gehackte Pfefferminzblätter), ersatzweise 1 Bund Petersilie
500 g Zuckererbsenschoten · 200 g frische Champignons

Pro Portion: etwa 840 Joule/200 Kalorien
Zubereitungszeit: 30 Minuten

Das Salz mit dem Dicksaft, Anis, Zitronensaft, Apfelsaft und der geriebenen Ingwerwurzel verrühren, bis sich das Salz völlig aufgelöst hat. Das Öl zugießen und mit dem Schneebesen rühren, bis die Sauce cremig wird. Die Pfefferminzblättchen oder die Petersilie waschen, trockentupfen, fein hacken und in die Sauce geben. Die Champignons kurz kalt überbrausen, putzen, feinblättrig schneiden und 5 Minuten in der Sauce ziehen lassen. Inzwischen die Zuckererbsenschoten waschen, trockentupfen und wie grüne Bohnen abfädeln. Die Schoten zu den Champignons geben und alles behutsam, aber gründlich mischen.

Gurken

Die schlanken, grünen Schlangengurken sind unsere bevorzugten Salatgurken. Wie für alle Fruchtgemüse ist ihre natürliche Reifezeit der Hochsommer. In unseren Breitengraden gedeihen sie allerdings nur kümmerlich unter freiem Himmel, ansonsten nur im Gewächshaus, besonders gut im Treibhaus. Schlangengurken sind wärme- und lichtbedürftig und stellen auch an Bewässerung und Ernährung hohe Ansprüche. Im Garten kann man versuchen, Schlangengurken auf dem Hügelbeet zu ziehen. Gurken wirken entwässernd, reinigend, können Harnsäure abbauen und sind deshalb bei Gicht und Rheuma zu empfehlen. Außerdem sind sie, roh genossen oder äußerlich angewendet, ein altbewährtes Mittel zur Verschönerung der Haut.

Gurken mit Kräutern

Für die Sauce: ¼ Teel. Meersalz · 1 Prise gemahlener Fenchel · 2 Eßl. Apfelessig · 5 Eßl. Öl
1–2 Salatgurken · je 1 Bund Dill und Schnittlauch · je 1 Zweig Basilikum, Estragon und Ysop

Pro Portion: etwa 545 Joule/130 Kalorien
Zubereitungszeit: 10 Minuten

Das Salz mit dem Fenchel und dem Essig verrühren, bis sich das Salz völlig aufgelöst hat. Das Öl zugießen und rühren, bis die Sauce dicklich wird. Die Gurken waschen, abtrocknen und ungeschält in die Sauce hobeln oder grob raspeln. Die Kräuter waschen, trockenschleudern, fein hacken und unter die Gurken heben.

Variante: Gurken mit Rettich
Eine Sauce aus ¼ Teelöffel Meersalz, je 1 Messerspitze gemahlenen Senfkörnern und gemahlenem Koriander, 1 Eßlöffel Zitronensaft, 5 Eßlöffeln saurer Sahne und 1 Eßlöffel Öl anrühren. 1 Gurke und 1 weißen Rettich waschen, beide grob in die Sauce raspeln, umrühren und mit Schnittlauchröllchen bestreuen. Diese Gurkenrohkost schmeckt auch gut auf gebuttertem, dunklem Vollkornbrot.

Variante: Gurken mit Paprikaschoten
1 gehackte Knoblauchzehe mit ½ Teelöffel Kräutersalz zerdrücken, mit 2 Eßlöffeln Apfelessig, 5 Eßlöffeln saurer Sahne und 1 Eßlöffel Olivenöl zu einer Sauce verrühren. 2 rote Paprikaschoten waschen, vierteln und die Viertel in sehr dünne Streifen schneiden. Einige grüne Salatblätter oder 1 Handvoll Spinat waschen, trockenschleudern und in dünne Streifen schneiden. Eine Salatgurke waschen und ungeschält dünn hobeln. Eine Handvoll Garten- oder Brunnen-

kresse waschen, trockenschleudern, kleiner schneiden und mit dem übrigen Gemüse in der Salatschüssel mischen. Die Sauce darübergießen und behutsam unterheben.

Variante: Gurken in Käsesauce mit Oliven
125 g Schafskäse zerdrücken, mit 3 Eßlöffeln Olivenöl und 1 Tasse Buttermilch glattrühren. Die Sauce mit einem Hauch Cayennepfeffer und 2 Teelöffeln zerriebenem getrocknetem Oregano würzen. 75 g schwarze Oliven entsteinen. Eine Salatgurke waschen, dünn hobeln und mit den Oliven mischen. Die Salatschüssel mit gewaschenen Eisbergsalatblättern auslegen. Die Salatblätter mit 2 Eßlöffeln Zitronensaft und etwas Olivenöl beträufeln. Die Gurkenscheiben mit den Oliven einfüllen und das Ganze mit der Käsesauce überziehen.

Variante: Gurken mit Knoblauchsauce
1 Salatgurke waschen und ungeschält in kleine Würfel schneiden. 3 Knoblauchzehen schälen, hacken und mit 1 Teelöffel Kräutersalz zerdrükken. ½ l saure Sahne mit dem Schneebesen schaumig schlagen und die Gurkenwürfel und den Knoblauch unterrühren. Mit gehackten Pfefferminzblättchen bestreuen.

Tip: Die kühle Gurkensauce paßt zu Gerichten aus Roggen-, Hafer- oder Grünkernschrot besonders gut. Man kann sie nach Belieben noch mit 1 Teelöffel mildem Paprikapulver würzen. Die Sauce am gleichen Tag verbrauchen, weil sie sonst durch den Knoblauch sehr scharf wird.

Gurken-Kaltschale

2 mittelgroße Salatgurken · 2 Knoblauchzehen · 1 Teel. Salz · ½ l Buttermilch · ⅛ l süße Sahne · 1 Messerspitze geriebene Muskatnuß · 1 kleine Prise Cayennepfeffer · abgeriebene Schale von ½ unbehandelter Zitrone · 2 Eßl. Zitronensaft · reichlich frischer Dill · frische Borretschspitzen (etwa 2 Eßlöffel gehackter Borretsch) und einige Borretschblüten

Pro Portion: etwa 670 Joule/160 Kalorien
Zubereitungszeit: 20–30 Minuten

Die Gurken waschen und ungeschält in Stücke schneiden. Die Knoblauchzehen schälen und mit den Gurkenstücken im Mixer pürieren. Wenn kein Mixer zur Verfügung steht, die Gurken fein reiben, den Knoblauch hacken, mit etwas Salz zerdrücken und zu den Gruken geben. Die Buttermilch und Sahne in einer Suppenschüssel mit den Gurken mischen und mit dem Muskat und einem Hauch Cayennepfeffer würzen. Die Zitronenschale und den Zitronensaft zufügen und die Kaltschale mit Salz abschmecken. Die Kräuter waschen, trockenschleudern, fein hacken und unterrühren. Borretschblüten auf die Kaltschale streuen, kühl aber nicht eiskalt servieren.

Blumenkohl

Im Juli und August gibt es reichlich Blumenkohl aus Freilandanbau. Die dichtstehenden elfenbeinfarbenen Kohlröschen bilden zusammen den großen Blütenstand dieser Kohlart. Was uns zur Nahrung dient, ist also die Blüte der Pflanze. Blumenkohl ist leichter verdaulich als Blattkohlarten und Kohlrüben. Er enthält viele B-Vitamine und Vitamin C und schmeckt roh besonders gut.

Blumenkohl mit Äpfeln

Für die Sauce: ¼ Teel. Meersalz · je 1 Messerspitze Senfpulver und geriebene Muskatnuß · 1 Eßl. Apfelessig · 125 g Magerquark · ½ Tasse Buttermilch · 1 Teel. mildes Paprikapulver
1 mittelgroßer Blumenkohl · 250 g Äpfel · 1 Eßl. Zitronensaft · 1 Bund Petersilie

Pro Portion: etwa 440 Joule/105 Kalorien
Zubereitungszeit: 20 Minuten

Vom Blumenkohl das Strunkende und die grünen Hüllblätter abschneiden und den Kohlkopf 15 Minuten in kaltes Salzwasser legen, damit Ungeziefer, das sich oft zwischen den Kohlblüten versteckt, ausgeschwemmt wird. Für die Sauce das Salz mit dem Senfpulver, Muskat und Apfelessig verrühren, bis sich das Salz völlig aufgelöst hat. Den Quark unterrühren und nach und nach die Buttermilch zugießen. Die Sauce mit dem Paprikapulver würzen. Die Äpfel waschen, abtrocknen, vierteln und die Kerngehäuse herausschneiden. Die Apfelviertel grob raspeln, mit

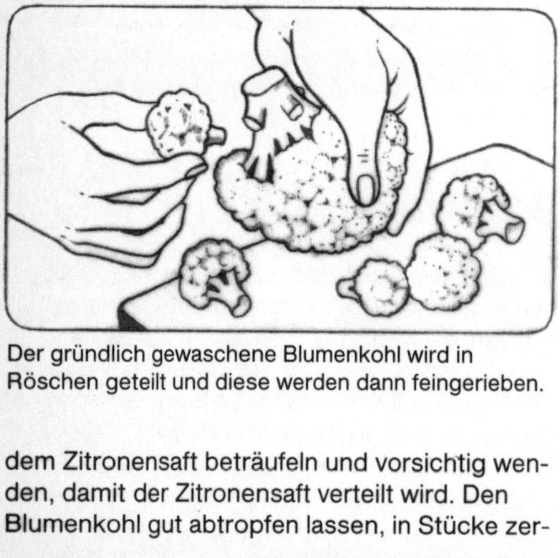

Der gründlich gewaschene Blumenkohl wird in Röschen geteilt und diese werden dann feingerieben.

dem Zitronensaft beträufeln und vorsichtig wenden, damit der Zitronensaft verteilt wird. Den Blumenkohl gut abtropfen lassen, in Stücke zerschneiden und diese fein hobeln oder reiben. Die Petersilie waschen, trockenschleudern und fein hacken. Den Blumenkohl mit den Äpfeln und der Petersilie mischen, mit der Quarksauce übergießen und durchheben.

Tip: Hellfarbene Rohkostgerichte, beispielsweise aus Blumenkohl, Kohlrabi, Weißkohl oder Fenchel, sollten beim Garnieren einen farblichen Akzent erhalten. Radieschenscheiben, Paprikaschoten oder Tomatenstreifen, Kresse oder Petersilieblättchen sehen hübsch aus. Sehr dekorativ sind auch die leuchtend blauen Blüten von Salbei und Borretsch.

Variante: Blumenkohl mit Möhren und Walnüssen
Eine Sauce aus ¼ Teelöffel Meersalz, 1 Teelöffel Honig, 2 Eßlöffel Zitronensaft, je 1 Messerspitze gemahlenem Anis und Macispulver, 150 g Joghurt und 2 Eßlöffel Öl anrühren. 1 Blumenkohl waschen, in kleine Röschen zerteilen, den Strunk hobeln, die Röschen und den Strunk mit 250 g geriebenen Möhren mischen. Nach Belieben noch 2 säuerliche, in dünne Scheiben geschnittene Äpfel zufügen. Die Sauce darübergießen, durchheben und das Ganze mit gehackten Walnüssen bestreuen.

Variante: Blumenkohl mit Tomaten
Eine Sauce aus ½ Teelöffel Kräutersalz, 1 Messerspitze gemahlenem Piment, 1 kleiner Prise Cayennepfeffer, 1 Messerspitze geriebener Muskatnuß, 1 Teelöffel Honig, 1 Teelöffel Kräutersenf, 2 Eßlöffeln Apfelessig und 2 Eßlöffeln Öl, sowie ⅛ l kalter Gemüsebrühe anrühren. 1 Blumenkohl in kleine Röschen zerteilen und den Strunk hobeln. 500 g Tomaten in Scheiben schneiden und abwechselnd mit dem Blumenkohl in eine Schüssel schichten. Die Sauce darübergießen, alles mit Schnittlauchröllchen bestreuen.

Variante: Blumenkohl mit Bananen und Himbeeren

1 Blumenkohl raspeln, mit 3 geschälten, in Scheiben geschnittenen Bananen mischen und mit 2 Eßlöffeln Zitronensaft beträufeln. Aus 1 Eigelb, 1 Teelöffel Kräutersenf, 1 Messerspitze Meersalz, 1 Tasse Sonnenblumenöl, 1–2 Eßlöffeln Zitronensaft eine Mayonnaise bereiten. ½ Tasse Sahne halbsteif schlagen, unter die Mayonnaise rühren und den mit Bananen gemischten Blumenkohl mit der Sahne-Mayonnaise überziehen. Eine Handvoll Himbeeren oder Johannisbeeren und nach Belieben 2 Eßlöffel gehackte Haselnüsse darüberstreuen.

Broccoli

Dieser grüne Verwandte des Blumenkohls gedeiht auch hierzulande, wenn auch nicht so üppig wie im Süden Europas. Seine Erntezeit ist im Juli und August. Broccoli ist reich an Vitamin C mild im Geschmack und erinnert ein wenig an Spargel. Die Broccoliröschen bilden nicht wie der Blumenkohl einen Kopf, sondern wachsen verzweigt an fleischigen Stielen. Broccolistiele sorgfältig schälen! Die Hüllblätter der Broccoliröschen schmecken recht streng, deshalb gibt man sie nicht zur Broccolirohkost.

Broccoli mit Pinienkernen

Bild Umschlag-Rückseite

Für die Sauce: 50 g ungeschwefelte Korinthen · 5 Eßl. Apfelsaft · 1 Knoblauchzehe · ¼ Teel. Meersalz · 1 kleine Prise Cayennepfeffer · 2 Eßl. Obstessig · 6 Eßl. Öl · 2–3 Schalotten oder 1 Zwiebel

500 g Broccoli · 60 g Pinienkerne · 1 Bund Basilikum

Pro Portion: etwa 860 Joule/205 Kalorien
Zubereitungszeit: 20 Minuten

Die Korinthen in einem Sieb warm überbrausen, abtropfen lassen und mit dem Apfelsaft übergossen kurz quellen lassen. Die Knoblauchzehe schälen, hacken und mit dem Salz mit der Messerklinge zerdrücken. Einen Hauch Cayennepfeffer und den Obstessig zufügen und rühren, bis sich das Salz völlig aufgelöst hat. Das Öl zugießen und mit dem Schneebesen rühren, bis die Sauce cremig wird. Die gequollenen Korinthen unterrühren. Die Schalotten oder die Zwiebel schälen, sehr fein würfeln und in die Sauce geben. Den Broccoli waschen, abtropfen lassen, das Stielende und die Blätter abschneiden und die Broccolistiele schälen. Die Kohlstaude zerteilen, die Stücke etwas kleiner schneiden, fein hacken und mit den Pinienkernen mischen. Die Sauce darübergießen. Das Basilikum waschen, trockenschleudern, fein hacken, auf den Broccoli streuen und alles behutsam mischen.

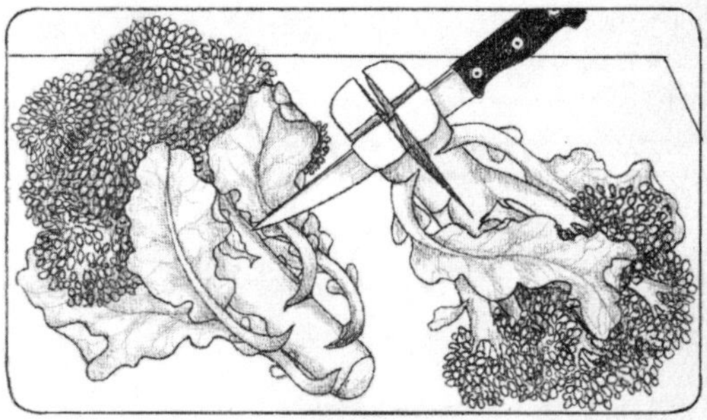

Auch der etwas dickere Strunk von Broccoli findet in der Rohkostküche Verwendung. Er wird feingehobelt oder gerieben.

Paprika

Im Hochsommer werden auch die Paprikaschoten reif. In dieser Zeit haben sie das beste Aroma. Kaufen kann man sie natürlich während des ganzen Jahres, auch wenn sie im Winter sehr teuer sind. Die roten Schoten sind besonders voll im Aroma und schwach süß im Geschmack. Doch auch die gelben Früchte und die hellgrünen länglichen Schoten, die am Ende spitz zulaufen, schmecken köstlich. Alle Gemüsepaprikaarten sind reich an Vitamin C. 100 g Paprikaschoten enthalten dreimal mehr Vitamin C als 100 g Zitrone. Gefüllte geschmorte Paprikaschoten schätzt man in allen Ländern, in denen dieses Gemüse gedeiht. Fast noch besser schmekken die Schoten roh, als Salat zubereitet oder einfach so zum Butterbrot gegessen. Paprikaschoten kann man auch ungekühlt einige Tage aufbewahren, ohne daß sie viel vom kostbaren Vitamin C einbüßen. Im Gemüsefach des Kühlschranks bleiben sie etwa 1 Woche lang frisch. Einer intensiven Züchtung ist es zu verdanken, daß die Kerne und Rippen von Gemüsepaprika nicht mehr sehr scharf schmecken.

Paprika-Apfelsalat

Rohe Paprikaschoten und Äpfel passen geschmacklich besonders gut zusammen. Man kann diese Mischung auch noch mit rohem Knollensellerie und mit etwas grünem Blattsalat ergänzen.

Für die Sauce: ¼ Teel. Meersalz · 1 Messerspitze geriebene Ingwerwurzel · 1 Prise Zimtpulver · 2 Teel. Dicksaft · 2 Teel. geriebener Meerrettich · 2 Eßl. Zitronensaft · 3 Eßl. naturreiner Apfelsaft · 3 Eßl. Nuß- oder Mandelmus

3 rote Paprikaschoten · 3 Äpfel · 1 Bund Petersilie

Pro Portion: etwa 565 Joule/135 Kalorien
Zubereitungszeit: 15 Minuten

Das Salz mit dem Ingwer, Zimt, Dicksaft, Meerrettich, Zitronen- und Apfelsaft verrühren, bis sich das Salz völlig aufgelöst hat. Das Nuß- oder Mandelmus unterrühren. Die Paprikaschoten waschen, vierteln und in dünne Streifen schneiden. Die Äpfel waschen, vierteln, das Kerngehäuse entfernen und die Apfelviertel quer hobeln oder in dünne Streifen schneiden. Die Petersilie waschen, trockenschleudern, fein hacken und in der Salatschüssel mit den Paprikaschoten und den Äpfeln mischen. Die Sauce darübergießen und unterheben.

Variante: Paprikasalat mit Sellerie
¼ Teelöffel Meersalz · 1 Teelöffel Honig · 1 Teelöffel mildes Paprikapulver · 2 Eßlöffel Zitronensaft · 1 Eßlöffel Öl und 6 Eßlöffel Sahne zu einer Sauce verrühren. 2–3 Sellerie- oder Liebstöckelblätter fein hacken und zufügen. 2 grüne oder rote Paprikaschoten vierteln und in Streifen schneiden, 1 Apfel und 1 kleine Sellerieknolle waschen und grob dazuraffeln. Die Sahnesauce darübergießen und unterheben. Den Salat in einer mit Eisbergsalatblättern ausgelegten Schüssel anrichten und mit Paprikaschotenstreifen und Petersilie garnieren.

Paprikaschoten mit Apfelquark gefüllt

Bild Seite 25

4 große grüne oder rote Paprikaschoten · 2 Äpfel · 3 Eßl. Haselnußkerne · einige Kopfsalatblätter · 2 Eßlöffel Nackthafer · 200 g Magerquark · 1 Messerspitze Meersalz · 2 Teel. Honig · 2 Teel. Zitronensaft · 1 Teel. Currypulver · ⅛ l Sahne

Pro Portion: etwa 1345 Joule/320 Kalorien
Quellzeit für den Hafer: 12–18 Stunden
Zubereitungszeit: 20 Minuten

Den Hafer waschen und von Wasser bedeckt 12–18 Stunden – am besten über Nacht – quellen lassen. Für die Füllung den Quark mit dem Salz, Honig, Zitronensaft und Curry verrühren. Die Sahne steif schlagen und unterheben. Die Paprikaschoten waschen, vom Stielende jeweils eine Kappe abschneiden und das Fleisch dieser Kappen in kleine Würfel schneiden. Die Äpfel waschen, vierteln, das Kerngehäuse entfernen und die Apfelviertel ebenfalls klein würfeln. Die Haselnüsse grob hacken. Die Haferkörner, die Apfelwürfel und die gehackten Haselnüsse unter die Quarksahnesauce mengen und in die Paprikaschoten füllen. Die Paprikawürfel obenauf streuen. Die Salatblätter waschen, trockentupfen, eine Platte damit belegen und die gefüllten Paprikaschoten darauf anrichten.

Paprika scharf mit Zwiebeln

Für die Sauce: ¼ Teel. Meersalz · 1 Teel. Apfeldicksaft · 2 Eßl. sehr guter Weinessig · 1 Zweig frischer Thymian oder ½ Teel. getrockneter Thymian · ½ Peperoni · 5 Eßl. Öl

750 g Paprikaschoten, wenn möglich rote, grüne und gelbe gemischt · 3–4 Zwiebeln · 1 Bund Petersilie

Pro Portion: etwa 755 Joule/180 Kalorien
Zubereitungszeit: 30 Minuten

Das Salz mit dem Dicksaft und dem Essig verrühren, bis sich das Salz völlig aufgelöst hat. Den Thymian fein hacken – getrockneten Thymian zwischen den Fingern zerreiben –, die Peperoni sehr fein hacken und beides zufügen. Das Olivenöl zugießen und rühren, bis die Sauce dicklich wird. Die Zwiebeln schälen, halbieren, in dünne Scheiben schneiden und 10 Minuten in der Sauce ziehen lassen. Inzwischen die Paprikaschoten waschen, vierteln und in dünne Streifen schneiden. Die Petersilie waschen, trockenschleudern und fein hacken. Die Paprikaschoten und die Petersilie mit den Zwiebeln in der Sauce mischen. Das Ganze 10 Minuten durchziehen lassen und vor dem Servieren noch einmal durchheben.

Mit einem scharfen Messer lassen sich die weißen Kerne leicht aus den Schoten lösen. Dann werden sie geviertelt und in Streifen oder Würfel geschnitten.

Mangold

Mangold gibt es den ganzen Sommer über. Er überwintert auf dem Beet und beginnt früh zu treiben. Bei milder Witterung kann man ihn oft sogar im Winter ernten. Unterschieden wird zwischen Blatt- und Stielmangold. Blattmangold hat hellgrüne, leicht gekrauste Blätter mit dünnen Stielen. Stielmangold ist dunkelgrün, großblättrig, mit kräftigen, fleischigen Stielen und dicken Blattrippen. Die Stiele und starken Rippen werden gern gedünstet und wie Spargel mit zerlassener Butter angerichtet. Kleingeschnitten kann man sie auch roh mitverwenden. Mangold schmeckt herb, schwach salzig und etwas strenger als Spinat. Er enthält fast ebensoviele Mineralstoffe und Vitamine wie dieser.

Mangold mit Rhabarber

Für die Sauce: ¼ Teel. Meersalz · je 1 Prise gemahlene Nelken und Macispulver · 2 Teel. Ahornsirup · 1 Eßl. Zitronensaft · 2 Eßl. gemahlene Mandeln · 2 Eßl. Öl · 5 Eßl. saure Sahne
350 g Blatt- oder Stielmangold · 250 g junger roter Rhabarber · 1 Zweig frische Pfefferminze oder Zitronenmelisse · 1 Bund Petersilie

Pro Portion: etwa 820 Joule/195 Kalorien
Zubereitungszeit: 20 Minuten

Das Salz mit dem Nelken- und Macispulver, dem Ahornsirup und Zitronensaft verrühren, bis sich das Salz völlig aufgelöst hat. Die Mandeln mit dem Öl in die Sauce geben und rühren, bis die Sauce leicht cremig wird. Zuletzt die saure Sahne unterziehen. Den Mangold verlesen, waschen, trockenschleudern und quer in Streifen schneiden. Den Rhabarber waschen und die Enden abschneiden. Die Rhabarberstangen je nach Dicke 1–2 mal längs durchschneiden und klein würfeln. Die Kräuter waschen, trockenschleudern, fein hacken, mit dem Mangold und dem Rhabarber mischen. Die Sauce darübergießen und alles durchheben.

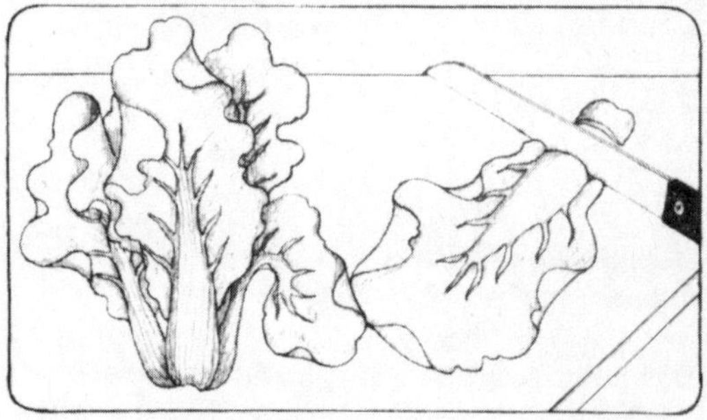

Mangold wird in seine Blätter zerlegt und diese dann quer in schmale Streifen geschnitten.

Tip: Nur der junge rote Rhabarber ist so wenig sauer, daß er nur geringfügig oder gar nicht gesüßt zu werden braucht. Bei älteren Pflanzen wandert die anfangs in den Blättern lokalisierte Oxalsäure in die Stiele. Doch im Mai ist der Rhabarber noch so mild, daß man ihn auch roh ohne weitere Zugaben aus der Hand knabbern kann.

Zucchini

Die gurkenähnlichen, grünen Zucchini gehören zu den Sommerkürbissen. Sie werden geerntet, wenn sie noch unreif sind. Je kleiner die Früchte, desto mehr schätzt sie der Feinschmecker. Doch haben sie meiner Meinung nach mehr Aroma, wenn sie 20–30 cm lang geworden sind. Zucchini sind eine ideale Bepflanzung für den Komposthaufen. Sie gedeihen auch in unserem Klima prächtig und bringen einen reichen Ertrag.

Im Geschmack sind sie ohne würzende Beigaben nicht sehr ausgeprägt. Kräuter, Knoblauch und Zitronensaft erwecken sie allerdings zum Leben. Wegen ihrer zarten und doch festen Konsistenz ergeben sie knackige Rohkostgerichte.

Zucchini mit Knoblauch und Öl

Für die Sauce: 2 Knoblauchzehen · ½ Teel. Kräutersalz · 2 Eßl. Zitronensaft · 6 Eßl. Olivenöl · 1 Bund Petersilie
500 g junge Zucchini

Pro Portion: etwa 610 Joule/145 Kalorien
Zubereitungszeit: 15 Minuten

Die Knoblauchzehen schälen, hacken und mit dem Kräutersalz zerdrücken. Den Zitronensaft und das Öl zugießen und rühren, bis die Sauce dicklich wird. Die Petersilie waschen, trockenschleudern, fein hacken und unter die Knoblauchsauce rühren. Die Zucchini waschen, Stiel- und Blütenansätze abschneiden, die Zucchini in dünne Scheiben schneiden und unter die Sauce heben. Vor dem Servieren möglichst 20–30 Minuten durchziehen lassen.

Variante: Zucchini mit Käse
Die Knoblauchsauce wie beschrieben zubereiten. Dabei Weinessig, statt Zitronensaft verwenden. Eine Zwiebel schälen, kleinschneiden und mit der Petersilie unter die Sauce rühren. 500 g Zucchini in etwas dickere Scheiben und diese in Stifte schneiden. 100 g jungen Emmentaler Käse oder Bergkäse in ebensolche Stifte schneiden, mit den Zucchini unter die Sauce heben und 20 Minuten durchziehen lassen.

Variante: Zucchini mit Tomatencreme
Sauce aus 1 Messerspitze Meersalz, 1 gehackter Knoblauchzehe, 1 Eßlöffel Zitronensaft, 1 Teelöffel Dicksaft oder Ahornsirup, 1 Eßlöffel Öl und 5 Eßlöffeln sauerer Sahne anrühren. 2–3 reife Tomaten kleinschneiden und durch ein Haarsieb in die Sauce passieren. Statt Petersilie wenn möglich reichlich frisches, gehacktes Basilikum zufügen. Die Zucchini auf einer groben Reibe in die Sauce raspeln, unterheben und gleich servieren.

Zucchini mit Sesam

Für die Sauce: 1 Eßl. Gomasio (Sesamsalz) · 2 Eßl. Tahin (Sesammus) · 1 Eßl. Zitronensaft · 5 Eßl. naturreiner Apfel- oder Quittensaft · 1 Messerspitze geriebene Ingwerwurzel · 1 Prise Macispulver
500 g Zucchini · 1 kleiner Kopf Endiviensalat oder römischer Salat · viel frische Kräuter (Zitronenmelisse, frische Pfefferminzblättchen, Petersilie, Pimpinelle)

Pro Portion: etwa 315 Joule/75 Kalorien
Zubereitungszeit: 15 Minuten

Das Gomasio mit dem Tahin, Zitronen- und Apfelsaft, dem Ingwer und Macispulver verrühren. Die Zuccini waschen, abtrocknen, die Stiel- und Blütenansätze abschneiden und die Zucchini in dünne Scheiben schneiden. Den Salat waschen, trockenschleudern und in dünne Streifen schneiden. Die Kräuter waschen, trockenschleudern, feinhacken und mit den Zucchini und dem Salat mischen. Die Sesamsauce unterheben.

Tip: Das Tahin und der Apfelsaft müssen Raumtemperatur haben, weil sich der Saft sonst nur schwer mit dem ölhaltigen Tahin verbindet.

Salat aus frischen Bohnenkernen

Oft tragen Stangenbohnen so reichlich, daß man den Segen beim besten Willen nicht zum eigentlichen Erntezeitpunkt verarbeiten kann. Die Bohnen werden dann sehr groß, die grünen Hüllen faserig und hart. Doch die frischen, noch weichen Bohnenkerne schmecken im Stadium der Vorreife als Salat besonders gut.

Für die Sauce: ¼ Teel. Meersalz · 2 Eßl. Zitronensaft · 6 Eßl. Olivenöl · reichlich frische Kräuter (Basilikum, etwas Bohnenkraut, 2–3 Liebstöckelblätter, Kerbel, Petersilie)
500 g Bohnenkerne · 2 Eßl. Öl · ¼ l Gemüsebrühe (aus Gemüseschalen und -strünken gekocht oder aus gekörnter Gemüsebrühe bereitet) · 250 g Tomaten · ½ Salatgurke · 1 Zwiebel

Pro Portion: etwa 1135 Joule/270 Kalorien
Zubereitungszeit: 50 Minuten bis 1 Stunde

Für die Sauce das Salz mit dem Zitronensaft verrühren, bis sich das Salz völlig aufgelöst hat. Das Öl zugießen und rühren, bis die Sauce dicklich wird. Kräuter waschen, trockenschleudern, fein hacken und in der Sauce ziehen lassen. Die Bohnenkerne waschen, abtropfen lassen und im Topf in dem Öl wenden. Die Brühe zugießen und die Bohnen zugedeckt bei schwacher Hitze in 30–40 Minuten weich kochen. Die Flüssigkeit ist dann fast völlig verdampft. Die Bohnen auskühlen lassen. Inzwischen die Tomaten häuten und in Scheiben schneiden. Die Stielansätze dabei entfernen. Die Gurke waschen, abtrocknen und in dünne Scheiben schneiden oder hobeln. Die Zwiebel schälen und kleinwürfeln. Alle Zutaten mischen, mit der Sauce übergießen und diese behutsam unterheben.

Kürbis

Ab September können die dicken Gartenkürbisse bei uns geerntet werden. Viel zu selten bekommt man sie im Gemüseladen angeboten. Das mag an ihrer Größe liegen. So ein Kürbis kann bis zu 1 Zentner wiegen. Doch auch kleinere Exemplare sind kaum auf einmal zu bewältigen. Dabei kann er auf vielerlei Art zubereitet und auch konserviert werden, so daß auch von einem ganzen, mehrere Kilo wiegenden Kürbis nichts zu verderben braucht. Ein angeschnittener Kürbis bleibt etwa 2 Wochen lang frisch. Unverletzte Kürbisse ohne Druckstellen halten sich im kühlen Keller auf einem Lattenrost gelagert sogar bis zum Frühjahr. Kürbisfleisch und besonders die Kerne wirken stark entwässernd. Diese Eigenschaft macht ihn zum Heilmittel bei Blasen- und Nierenleiden. Kürbis schmeckt roh ein wenig nach frischen Haselnüssen.

Kürbisrohkost

Bild Seite 69

Für die Sauce: 1 Messerspitze Meersalz · 2 Teel. Honig · 2 Teel. geriebener Meerrettich · 1 Messerspitze geriebene Ingwerwurzel · 1 Prise gemahlener Anis · 1 Eßl. Apfelessig · 3 Eßl. naturreiner Apfelsaft · 3 Eßl. Öl · 6 Eßl. süße Sahne
750 g Kürbis · 50 g ungeschwefelte Rosinen · 1 Eßl. geschälte Kürbiskerne

Pro Portion: etwa 880 Joule/210 Kalorien
Zubereitungszeit: 15 Minuten

Das Salz mit dem Honig, Meerrettich, Ingwer, Anis und Apfelessig verrühren, bis sich das Salz völlig aufgelöst hat. Den Apfelsaft und das Öl unterrühren. Die Sahne steif schlagen. Den Kürbis schälen und in die Sauce raspeln. Die Rosinen waschen, die Kürbiskerne grob hacken und mit den Rosinen und dem Kürbis unter die Sauce heben. Die Sahne unterziehen.

Variante: Kürbis mit Äpfeln und rote Bete
Eine Sauce aus 1 Messerspitze Meersalz, 1 Teelöffel Dicksaft, 1 Eßlöffel Zitronensaft und 1 Prise gemahlenem Kümmel, 1 Prise gemahlenem Fenchel und 5 Eßlöffeln Öl anrühren. 250 g geschälten Kürbis, 2 ungeschälte säuerliche Äpfel grob und 1 gründlich gewaschene ungeschälte rote Bete fein in die Sauce reiben. 2 Eßlöffel grob gehackte Haselnüsse und je ½ Bund feingehackte Petersilie und Schnittlauch darüberstreuen und alle Zutaten behutsam mischen.

Kalte süße Kürbissuppe

750 g Kürbis · 2 Eßl. Zitronensaft · ¾ l Milch · 3 Eßl. Ahornsirup · je 1 Messerspitze gemahlener Kardamom, gemahlener Anis und Zimtpulver · 1 Prise Meersalz · 125 g Brombeeren · ¼ l süße Sahne

Pro Portion: 1615 Joule/385 Kalorien
Zubereitungszeit: 20 Minuten

Den Kürbis schälen, in Stücke schneiden und mit dem Zitronensaft und etwas Milch portionsweise im elektrischen Mixer pürieren. Steht kein Mixer zur Verfügung, den geschälten Kürbis sehr fein reiben. Das Kürbispüree in einer großen Schüssel mit der übrigen Milch, dem Ahornsirup, den Gewürzen und dem Salz mit dem Schneebesen verrühren. Die Brombeeren verlesen, waschen, abtropfen lassen und in die Kürbissuppe geben. Die Sahne steif schlagen und mit dem Spritzbeutel auf die Kaltschale spritzen.

Gefüllte Melone

Der krönende Abschluß der schönen Sommergemüsezeit ist die duftende, gelbfleischige Netzmelone. Melone zählt zwar eher zum Obst, doch ist das Fleisch dieser Melonenart mit der rauhen, graugrünen Schale nicht sehr süß, dafür um so aromatischer. Ein farblich wie geschmacklich guter Kontrast dazu ist der herbe römische Salat oder Endiviensalat.

Für die Sauce: 1 Messerspitze Meersalz · 2 Teel. Apfeldicksaft · 1 Messerspitze geriebene Ingwerwurzel · 2 Eßl. Zitronensaft · 5 Eßl. Öl
1 Netzmelone (etwa 1½ kg) · 1 kleine Staude römischer Salat oder Endiviensalat · 250 g reife feste Tomaten · 3 Eßl. Haselnüsse · je 2 Stengel Estragon, Basilikum und Zitronenmelisse.

Pro Portion: etwa 1325 Joule/315 Kalorien
Zubereitungszeit: 30 Minuten

Das Salz mit dem Dicksaft, Ingwer und Zitronensaft verrühren, bis sich das Salz völlig aufgelöst hat. Das Öl zugießen und rühren, bis die Sauce dicklich wird. Die Melone waschen, abtrocknen und vom oberen Ende eine Kappe abschneiden, so daß sich die Melone aushöhlen läßt. Die Kerne herauskratzen, mit einem scharfkantigen Löffel vorsichtig das Melonenfleisch herauslösen und in Würfel schneiden. Den Saft, der sich dabei bildet, zu der Sauce geben. Den Salat waschen, in Blätter zerlegen, trockenschleudern und kleinschneiden. Die Tomaten häuten. Das Tomatenfleisch ebenfalls würfeln und mit dem Melonenfleisch und dem Blattsalat mischen. Die Haselnüsse in einer Pfanne ohne Fettzugabe unter Wenden rösten, bis sie duften und grob hacken. Die Kräuter waschen, trockenschleudern, von jedem Kraut einige Blättchen zurückbehalten, die übrigen fein hacken und mit den Haselnüssen auf den Salat streuen. Die Sauce darübergießen und alle Zutaten behutsam mischen. Die Mischung in die ausgehöhlte Melone füllen und die Kräuterblätter dann als Sträußchen in die Mitte stecken.

Sommergemüsesuppe

Hundstage nennt man die Zeit von Ende Juli bis Ende August, wenn die Sonne in der Nähe des Sirius, des Hundssterns steht. Obwohl die Tage bereits spürbar kürzer werden, ist es jetzt oft besonders warm. Reichhaltig ist zu dieser Zeit das Gemüseangebot. Die Fruchtgemüsearten, in denen besonders viel Sonnenenergie gespeichert ist, sind herangereift. Viel zu rasch geht diese Zeit der Fülle vorüber. Deshalb sollten wir täglich bewußt die Gaben des Hochsommers genießen, am besten roh wie in dieser Suppe, zu deren Herstellung ein elektrischer Mixer benötigt wird.

500 g Tomaten · 1 Salatgurke oder 300 g Zucchini · 2 grüne oder rote Paprikaschoten · 1 kleine Sellerieknolle · 2 Kartoffeln · 1 Zwiebel · 2 Knoblauchzehen · 2 Eßl Zitronensaft · 3 Eßl. Olivenöl · ⅛ l süße Sahne · 1 Teel. Meersalz · 1 Prise schwarzer Pfeffer · 1 Messerspitze gemahlener Koriander · reichlich frische Kräuter (Borretsch, Dill, Petersilie, etwas Selleriegrün oder 2 Blätter Liebstöckel, Ysop, Zitronenmelisse)

Pro Portion: etwa 1090 Joule/260 Kalorien
Zubereitungszeit: 30 Minuten

Die Tomaten am runden Ende kreuzweise einschneiden, 30 Sekunden in kochend heißes Wasser legen, dann häuten. Die Tomaten kleinschneiden, dabei die Stielenden entfernen. Die Gurke oder die Zucchini waschen und in Stücke schneiden. Die Paprikaschoten waschen, vierteln und die Kerne entfernen. Die Kartoffeln und den Sellerie unter fließendem Wasser gründlich bürsten. Von den Kartoffeln gegebenenfalls die Keimansätze ausstechen und die Kartoffeln und den Sellerie ungeschält kleinschneiden. Die Zwiebeln und die Knoblauchzehen schälen und zerschneiden. Die Gemüse portionsweise im Mixer pürieren, in eine große Schüssel füllen und den Zitronensaft, das Öl und die Sahne mit dem Schneebesen unterrühren. Die Gemüsesuppe mit dem Salz, Pfeffer und Koriander würzen. Die Kräuter waschen, trockenschleudern, fein hakken und unter die Suppe rühren. Kühl, jedoch nicht eiskalt servieren.

Variante: Gazpacho andaluz
Bild Umschlag-Vorderseite
350 g gehäutete Tomaten, 1 Gurke, 2 Paprikaschoten, 1 Zwiebel, 2 Knoblauchzehen und 200 g frisches Vollkornweizenbrot im Mixer pürieren und in eine große Schüssel füllen. 2 Eßlöffel Weinessig und 3 Eßlöffel Olivenöl zufügen und unter Rühren mit dem Schneebesen ½ l kaltes Wasser zugießen. Die kleingewürfelte Gurke, Paprikaschote und Zwiebel gesondert dazureichen; kühl servieren.

Vielgeliebte Tomate

Tomaten – so wie wir sie heute kennen – gibt es seit noch nicht einmal 100 Jahren. Die saftigen, roten Früchte, die so wunderbar duften und voll fruchtiger Süße sind, wenn sie in der Sommersonne reifen konnten, sind das Ergebnis von etwa 300 Jahren Zuchtversuche. Tomaten enthalten Vitamin C, Kalium, Karotin. Die Pflanzen sind sehr kälteempfindlich, lieben Wärme und benötigen einen kalk- und humusreichen Boden. Sie gedeihen auch ganz prächtig in genügend tiefen Kübeln auf einem geschützten sonnigen Balkon. Nicht ausgereifte Tomaten enthalten in den noch grünen Stellen das schwachgiftige Solanin. Unreife Früchte werden an einem sonnigen Platz bei Raumtemperatur rot.

Tomatensalat provenzalisch

750 g Tomaten · 2 Knoblauchzehen · ½ Teel. Meersalz · 2 Zweige frischer Rosmarin oder 1 Teel. getrocknete Rosmarinnadeln · 1 Bund frisches oder 2 Teel. getrocknetes Basilikum · 2 Eßl. sehr guter Weinessig · 6 Eßl. Olivenöl · einige schwarze Oliven

Pro Portion: etwa 800 Joule/190 Kalorien
Zubereitungszeit: 20 Minuten

Die Tomaten waschen, abtrocknen und in Scheiben schneiden. Die Knoblauchzehen schälen und fein hacken. Frischen Rosmarin und Basilikum waschen, trockenschleudern und fein hakken. Einige Basilikumblättchen zurückbehalten. Die Tomaten in die Schüssel schichten und jede Schicht mit etwas Salz und Kräutern bestreuen. Die oberste Schicht mit dem Essig und dem Öl beträufeln, mit den Oliven und dem Basilikumblättchen garnieren.

Tomatenplatte

750 g Tomaten · 2 Zwiebeln · 2 Messerspitzen Kräutersalz · 1 Messerspitze grob gemahlener schwarzer Pfeffer · 1 Teel. Zitronensaft · 5 Eßl. Öl · reichlich frische Kräuter (Basilikum, Dill, etwas Oregano, Zitronenmelisse)

Pro Portion: etwa 650 Joule/155 Kalorien
Zubereitungszeit: 10 Minuten

Die Tomaten waschen, trockentupfen, vierteln oder achteln und dabei die Stielansätze herausschneiden. Die Tomaten auf einer Platte arrangieren. Die Zwiebeln schälen, klein würfeln und auf den Tomaten verteilen. Die Tomaten und Zwiebeln mit dem Kräutersalz und dem Pfeffer bestreuen und mit dem Zitronensaft und dem Öl beträufeln. Die Kräuter waschen, trockenschleudern, fein hacken und gleichmäßig über die Tomaten streuen.

Tomaten mit Rohkostfüllung

Bild Umschlag-Vorderseite

4 große oder 8 mittelgroße Tomaten · Saft von ½ Zitrone · 1 Eigelb · 1 Teel. Kräutersenf · 6 Eßl. Sonnenblumenöl · 3 Eßl. Magerquark · 1 Messerspitze Meersalz · 1 kleine Prise Cayennepfeffer · ½ Teel. mildes Paprikapulver · 1 kleiner Salatkopf · etwa 75 g frische Champignons · 250 g rohes Gemüse der Saison wie Blumenkohl, enthülste Erbsen, Gurke, Knollensellerie · 1 Bund Dill

Pro Portion: etwa 945 Joule/225 Kalorien
Zubereitungszeit: 30 Minuten

Die Tomaten waschen, abtrocknen und vom runden Ende der Tomate eine Kappe abschneiden.

Mit einem Teelöffel das Innere aus den Tomaten herauskratzen. Die ausgehöhlten Tomaten innen mit ein wenig Zitronensaft beträufeln. Das herausgelöste Fleisch durch ein Haarsieb streichen, so daß nur die Kerne im Sieb zurückbleiben. Den entstandenen Tomatensaft beiseite stellen. Das Eigelb mit dem Senf verrühren und zuerst tropfenweise etwas Öl unterrühren. Wenn die Masse dicklich zu werden beginnt, Zitronensaft und unter ständigem Rühren teelöffelweise Öl zufügen. Wiederum 1 Teelöffel Zitronensaft und dann das restliche Öl unter Rühren in dünnem Strahl zugießen. Den Quark mit 2 Eßlöffeln der hergestellten Mayonnaise glattrühren und mit der übrigen Mayonnaise mischen. Die Quarkmayonnaise mit dem Salz, einem Hauch Cayennepfeffer und dem Paprikapulver würzen. Zuletzt den passierten Tomatensaft in die Quarkmayonnaise rühren. Den Kopfsalat in Blätter zerlegen, waschen und trokkenschleudern. Mit den Außenblättern eine Platte auslegen. Das Salatherz in dünne Streifen schneiden. Die Champignons waschen, abtropfen lassen, putzen und feinblättrig schneiden. Das Gemüse waschen und Blumenkohl in kleinste Röschen zerteilen oder hobeln; Sellerie und Gurke kleinwürfeln; Erbsen bleiben ganz. Den Dill waschen, trockenschleudern, fein hacken und mit dem kleingeschnittenen Salat, den Champignons und dem Gemüse unter die Quarkmayonnaise heben. Die Tomaten damit füllen, die Kappen als Deckel oben auflegen und die Tomaten auf die mit den Salatblättern belegte Platte setzen.

Tomaten mit Ananas

Im Sommer gibt es keine frische Ananas und im Winter, wenn es Ananas gibt, schmecken die Tomaten nicht mehr so gut. Doch die Mischung aus beiden ist so köstlich, daß man einmal eine Ausnahme machen und Ananasscheiben aus der Dose verwenden kann.

Für die Sauce: 2 Teel. Honig · 1 Messerspitze Meersalz · 1 Teel. unbehandelte abgeriebene Zitronenschale · 1 Messerspitze Macispulver · 1 Messerspitze geriebene Ingwerwurzel · 1 Eßl. Zitronensaft · 2 Eßl. Ananassaft · ⅛ l süße Sahne · 500 g reife, feste Tomaten · 250 g Ananas (ausnahmsweise aus der Dose) · 50 g Mandeln.

Pro Portion: etwa 1155 Joule/275 Kalorien
Zubereitungszeit: 20 Minuten

Den Honig mit dem Salz, Macispulver, Ingwer, Zitronensaft, Ananassaft und der abgeriebenen Zitronenschale verrühren. Die Tomaten waschen, trockentupfen und vierteln. Saft und Kerne der Tomatenviertel entfernen (aufbewahren) und die Tomatenviertel in Würfel schneiden. Dosenananas abtropfen lassen und kleinschneiden. Die Sahne fast steif schlagen, unter die Sauce ziehen, die Tomaten und die Ananas unterheben. Die Mandeln blättrig schneiden oder hobeln, in einer Pfanne ohne Fettzugabe goldgelb rösten und gleichmäßig über die Tomaten-Ananas-Mischung verteilen.

Tip: Honigmelonen lassen sich auch vorzüglich mit Tomaten kombinieren.

Variante: Tomaten mit Rahmfrischkäse
8 mittelgroße reife, feste Tomaten wie beschrieben aushöhlen und innen mit Zitronensaft beträufeln. 1 Eigelb mit 1 Teelöffel Honig, 1 Messerspitze Salz, 1 Teelöffel Senfpulver und 1 Eßlöffel Zitronensaft verrühren. 100 g Rahmfrischkäse und 2 Eßlöffel frischgeriebenen Emmentaler Käse unterrühren. ⅛ l Sahne sehr steif schlagen, unter die Käsecreme heben und die Tomaten damit füllen. Man kann die gleichen Zutaten auch

folgendermaßen verwenden: Die Tomaten häuten, in Scheiben schneiden, auf eine Platte legen und mit Zitronensaft beträufeln. Die Käsecreme bereiten und die Tomatenscheiben damit überziehen oder die Käsecreme mit dem Spritzbeutel auf die Tomaten spritzen.

Tomatensaft

1 kg sehr reife Tomaten · 1 Knoblauchzehe · 1 Teel. Kräutersalz · 2 Teel. Honig · je 1 Messerspitze gemahlener Koriander und gemahlener Fenchel · 1 Bund Schnittlauch oder frisches Basilikum

Pro 0,25 l: etwa 335 Joule/80 Kalorien
Zubereitungszeit: 15 Minuten

Die Tomaten am runden Ende kreuzweise einschneiden und 30 Sekunden in kochendheißes Wasser legen. Das Wasser abgießen und die Tomatenhaut abziehen. Die Tomaten grob kleinschneiden und durch ein Haarsieb streichen, so daß die Kerne zurückbleiben. Den Knoblauch schälen, hacken, mit dem Kräutersalz zerdrükken, dem Honig verrühren und die Mischung unter den Tomatensaft rühren. Den Saft mit dem Koriander und Fenchel würzen und in Gläser oder in einen Krug füllen. Die Kräuter waschen, trockenschleudern, fein hacken und auf den Tomatensaft streuen.

Die Haut der Tomaten läßt sich mühelos abziehen, wenn die Früchte kurz in kochendes Wasser gelegt und dann kalt abgeschreckt werden.

Tip: Besonders mild und vollmundig wird der Saft, wenn man zuletzt noch einige Eßlöffel süße Sahne unterrührt.

Variante: Tomatenmilch
500 g vollreife Tomaten wie beschrieben häuten und passieren. Den Saft mit 1 Messerspitze Salz, 2 Teelöffeln Honig und 1 Eßlöffel Zitronensaft würzen. ½ l geschlagene Dickmilch oder Buttermilch zufügen. Die Tomatenmilch mit dem Schneebesen schlagen oder ganz kurz in den Mixer geben, in Gläser füllen und mit einigen gehackten Pfefferminzblättchen bestreuen.

Fenchel

Fenchel, hier geht es um den Knollenfenchel, liebt Wärme und Licht. Da für beides im ausreichenden Maße in unseren Breitengraden nicht immer garantiert werden kann, wird er selten bei uns im Freien angebaut, häufiger schon unter Glas. In Italien gibt es hingegen überall riesige Fenchelfelder. Fenchel ist ganz sicher das Lieblingsgemüse der Italiener. Er hat, abgesehen von seinem Wohlgeschmack, noch andere gute Eigenschaften. Fenchel ist sehr gut verträglich und wirkt wie der bekannte Tee aus dem Gewürzfenchel lindernd bei Magenbeschwerden und Blähungen. Bei uns werden verschiedene Sorten angebaut: Zefa-Fino kann schon im Juli geerntet werden. Andere Sorten sind erst ab Oktober erntereif. Es ist sehr zu begrüßen, daß es mittlerweile auch in Italien biologisch wirtschaftende Gartenbaubetriebe, ja sogar Demeter-Betriebe gibt, so daß wir auch im Winter gesunden Fenchel aus Freilandanbau genießen können.

Fenchel mit frischen Feigen

Für die Sauce: 1 Teel. getrocknete Pfefferminze · Saft von 1 Blutorange · 1 Messerspitze Meersalz · 1 Prise gemahlener Kardamom · 1 Eßl. Zitronensaft · 3 Eßl. Öl
150 g frische Feigen, ersatzweise frische Datteln oder eine süße Melone · 3 mittelgroße Fenchelknollen · 2 Eßl. Pinienkerne

Pro Portion: etwa 780 Joule/185 Kalorien
Zubereitungszeit: 20 Minuten

Für die Sauce 2 Eßlöffel Orangensaft in einem kleinen Topf erhitzen und die Pfefferminze 10 Minuten darin ziehen lassen. Den übrigen Orangensaft mit dem Salz, Kardamom, Zitronensaft und Öl verrühren. Die Feigen waschen, abtropfen lassen und vierteln (frische Datteln waschen, halbieren, dabei die Steine herauslösen. Melone schälen und würfeln). Die Fenchelknollen waschen, die Stiele und das Fenchelgrün abschneiden und die Fenchelblätter aufbewahren. Die Fenchelknollen dünn schälen, da die äußeren Blätter sehr harte Blattrippen haben, die man nicht mitessen kann. Den Fenchel vierteln und die Viertel hobeln. Den Fenchel auf einer Platte anrichten. Das Fenchelgrün hacken und darüberstreuen. Die Feigenviertel oder das andere Obst auf dem Fenchel arrangieren und die Pinienkerne darüberstreuen. Den Orangensaft mit der Pfefferminze durch ein Sieb in die Sauce gießen, umrühren und die Orangensauce gleichmäßig auf den Fenchel gießen; nicht mehr durchheben.

Tip: Besser eignet sich für dieses Rohkostgericht frische Pfefferminze, die feingehackt gleich zu der Sauce gegeben werden sollte, damit sich das Pfefferminzaroma in der Sauce entwickeln kann.

Variante: Fenchel mit Möhren
2 Fenchelknollen wie vorab beschrieben vorbereiten und fein hobeln. 350 g Möhren grob raspeln, mit dem Fenchel mischen und die Mischung mit einer Sauce aus 1 Messerspitze Salz, 1 Teelöffel Honig, 1 Messerspitze geriebenem Ingwer, einem Hauch gemahlenem Anis, 1 Eßlöffel Zitronensaft, 3 Eßlöffeln Sahne und 2 Eßlöffeln Öl anmachen. Mit Fenchelgrün und gehackten Haselnüssen bestreuen.

Variante: Fenchel mit Äpfeln und Rosinen
Aus 1 Messerspitze Salz, 1 Eßlöffel Apfeldicksaft, je 1 Prise Nelkenpulver und gemahlenem Anis, 1 Eßlöffel Zitronensaft und 150 g Joghurt eine Sauce anrühren. 2 Eßlöffel Rosinen waschen und in 3 Eßlöffeln Apfelsaft quellen lassen.

2 rotbackige Äpfel (etwa 250 g) waschen, vierteln, vom Kerngehäuse befreien, ungeschält in Scheiben schneiden und mit 1 Eßlöffel Zitronensaft beträufeln. 2 Fenchelknollen waschen, wie beschrieben putzen und halbieren. Die Hälften ebenfalls in Scheiben schneiden und mit den Äpfeln und den abgetropften Rosinen mischen.

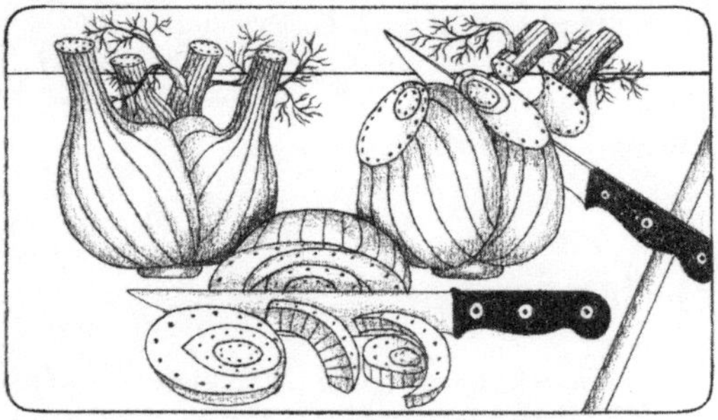

Fenchelknollen werden dünn geschält (die äußeren Blätter haben sehr harte Blattrippen), dann geviertelt und wie Zwiebeln in Scheiben geschnitten.

Das feingehackte Fenchelgrün und den von den Rosinen abgetropften Apfelsaft zu der Sauce geben. In einer Schüssel anrichten, mit einigen Blättern eines grünen Blattsalats umkränzen und die Sauce gleichmäßig darübergießen; nicht mehr umrühren.

Fenchelquark

300 g Magerquark · 2 Eßl. Leinöl · ½ Teel. Kräutersalz · je ¼ Teel. gemahlener Kümmel und gemahlener Koriander · je 1 Messerspitze gemahlener Anis, gemahlener Fenchel und geriebene Muskatnuß · je ¼ Teel. getrocknetes Basilikum und getrockneter Thymian · 2–3 Schalotten oder 1 Zwiebel · ⅛ l süße Sahne · 3 Fenchelknollen (etwa 750 g) · je 1 Bund Petersilie und Dill oder reichlich frischer Kerbel

Pro Portion: etwa 1430 Joule/340 Kalorien
Zubereitungszeit: 20 Minuten

Den Quark mit dem Leinöl glattrühren. Das Kräutersalz, den Kümmel und Koriander, den Anis, Fenchel und die geriebene Muskatnuß zufügen. Das Basilikum und den Thymian zerreiben und darüberstreuen. Die Schalotten oder die Zwiebel schälen, fein hacken, zufügen und alles gut miteinander verrühren. Die Sahne halbsteif schlagen und unter den gewürzten Quark ziehen. Den Fenchel waschen und die Stiele, das Fenchelgrün und die harten Blattrippen abschneiden. Das Fenchelgrün hacken und zum Quark geben. Die Fenchelknollen halbieren und mittelfein raspeln. Die Kräuter waschen, trockenschleudern, fein hacken und mit den geriebenen Fenchelknollen unter den Quark mengen.

Sellerie

Sellerie ist mineralstoff- und vitaminreich. Seinem ausgeprägt würzigen Aroma verdankt er seine Beliebtheit. Sellerie fehlt in keiner gut gewürzten Gemüsesuppe. Gedämpft und in einer Essig-Öl-Sauce oder mit Mayonnaise angemacht als Salat bereitet, gehört er zu den Lieblingsgerichten von vielen, die sonst keine Gemüsefans sind. Als Rohkost ging er im berühmten Waldorfsalat in die internationale Küche ein. Sellerie schmeckt nicht nur mit Äpfeln vorzüglich, Ananas, Birnen und Zitrusfrüchte sind ebenso geeignete fruchtige Ergänzungen. Rote Bete, Möhren, Lauch und alle grünen Blattsalate sind zu Sellerie eine schmackhafte Ergänzung. Knollensellerie gibt es bereits im Hochsommer, die letzten Knollen werden im Spätherbst geerntet.

Sie halten sich, wenn sie bei der Ernte nicht zu reif waren, bis zum April. Sehr große Knollen sind manchmal innen weich, zuweilen auch hohl. Also besser kleinere Exemplare wählen. Sollten Sie Knollen mit frischem Sellerielaub bekommen, werfen Sie die Blätter nicht fort, sondern hängen Sie sie zum Trocknen an einen warmen, aber nicht zu hellen Platz. Mit diesen lassen sich Eintöpfe und Getreidegerichte sehr fein würzen.

Sellerie mit Mandarinen

Für die Sauce: ½ Teel. Kräutersalz · 2 Teel. Honig · 1 Prise Nelkenpulver · 5 Eßl. Sahne · 2 Eßl. Öl
2 mittelgroße Sellerieknollen (etwa 600 g) · Saft von 1 Zitrone · 250 g Mandarinen · 50 g Mandeln · Selleriegrün oder 1 Bund Petersilie

Pro Portion: etwa 1070 Joule/255 Kalorien
Zubereitungszeit: 30 Minuten

Für die Sauce das Kräutersalz mit dem Honig, Nelkenpulver und der Sahne verrühren. Das Öl zugießen und rühren, bis sich alle Zutaten gut miteinander verbunden haben. Den Sellerie unter fließendem Wasser gründlich bürsten, vorhandenes Selleriegrün waschen, abschneiden und aufbewahren. Vom Sellerie dunkle Stellen abschneiden, die Knollen möglichst ungeschält grob raspeln und sofort mit dem Zitronensaft beträufeln. Die Mandarinen schälen und in Segmente zerteilen. Einige davon zurückbehalten, die übrigen kleinschneiden und mit dem Sellerie mischen. Das Selleriegrün oder die Petersilie feinhacken, die Mandeln hobeln und beides zusammen unter den Sellerie und die Mandarinen mischen. Die Sauce unterheben. Das Ganze mit den Mandarinen garnieren.

Variante: Sellerie mit Birnen und Käse
Die gleiche Sauce zubereiten, statt mit Nelkenpulver mit einer Messerspitze gemahlenem Koriander würzen. Den Sellerie raspeln und mit Zitronensaft beträufeln. Die Birnen vierteln, vom Kerngehäuse befreien, in Stifte oder Würfel schneiden und mit 60 g in Streifen oder in kleine Würfel geschnittenem Bergkäse und 1 Bund gehackter Petersilie zu dem Sellerie geben. Anstelle von Mandeln gehackte Haselnüsse zufügen. Die Zutaten mischen und gleichmäßig mit der Sauce übergießen.

Selleriesuppe

Für die Suppe braucht man ein elektrisches Mixgerät. Sie schmeckt nur wirklich gut, wenn das rohe Gemüse püriert wird; selbst mit der feinsten Scheibe des Fleischwolfes ist das nicht zu erreichen.

500 g Knollensellerie · 200 g Möhren · 2 Kartoffeln · 1 Stange Lauch · 2 Knoblauchzehen · 3 Eßl. Apfelessig · ½ l Gemüsebrühe aus Wasser und gekörnter Gemüsebrühe · 1 Tasse Vollkornbrösel · ¼ l süße Sahne · 1 Teel. Kräutersalz · 1 Messerspitze gemahlener Piment · 1 Messerspitze geriebene Muskatnuß · 1 kleine Prise Cayennepfeffer · 2 Teel. mildes Paprikapulver · 3 Stangen Bleichsellerie

Pro Portion: 1260 Joule/300 Kalorien
Zubereitungszeit: 30 Minuten

Den Sellerie unter fließendem Wasser gründlich bürsten. Die Blatt- und Wurzelansätze sowie dunkle Stellen entfernen und den Sellerie in Stücke schneiden. Die Möhren unter fließendem Wasser gründlich bürsten und wie den Sellerie putzen. Die Kartoffeln ebenfalls bürsten, die

Keimansätze ausstechen und die Kartoffeln je nach Größe halbieren oder vierteln. Vom Lauch dunkelgrüne harte Blattspitzen und nicht verwertbare Blätter entfernen. Die Lauchstange zweimal der Länge nach aufschlitzen, unter fließendem Wasser gründlich waschen und kleinschneiden. Die Knoblauchzehen schälen und durchschneiden. Das zerkleinerte Gemüse nach und nach portionsweise im Mixer pürieren. Dabei den Essig und immer etwas Brühe mit in den Mixer geben. Das pürierte Gemüse in eine große Schüssel füllen. Die Vollkornbrösel in einer Pfanne ohne Fettzugabe kurz rösten und mit der Sahne unter das Gemüse rühren. Die Suppe mit dem Kräutersalz, Piment, Muskat, Paprika und einem Hauch Cayennepfeffer würzen. Den Bleichsellerie waschen, abtropfen lassen und in kleine Würfel schneiden. Die Blätter fein hacken und den Sellerie auf die Suppe streuen.

Tip: Der Winter ist natürlich nicht die rechte Jahreszeit für Kaltschalen. Doch diese schmeckt herzhaft und ist voller Vitamine, die wir jetzt so nötig haben. Man kann die Suppe vor dem Servieren etwas anwärmen, doch nicht über 40°.

Feiner Waldorfsalat

Bild Seite 51

Für die Sauce: ½ Eigelb · 1 Messerspitze Meersalz · ½ Teel. Honig · 1 kleine Prise Cayennepfeffer · 4 Eßl. Sonnenblumenöl · 2 Teel. Zitronensaft · 3 Eßl. süße Sahne · 4 große, mürbe Äpfel · 1 Eßl. Zitronensaft · 1 kleine Sellerieknolle · 1 Eßl. gehackte Walnußkerne · 4 Walnußkernhälften · einige grüne Salatblätter

Pro Portion: etwa 905 Joule/215 Kalorien
Zubereitungszeit: 40 Minuten

Aus dem Eigelb, Salz, Honig, einem Hauch Cayennepfeffer, dem Öl und Zitronensaft eine Mayonnaise rühren. Die Sahne steif schlagen und unterziehen. Die Äpfel waschen, abtrocknen, die Kerngehäuse ausstechen und die Äpfel mit einem spitzen Teelöffel oder rundem Messer vorsichtig aushöhlen. Das herausgelöste Apfelfleisch kleinschneiden und mit dem Zitronensaft beträufeln. Den Sellerie unter fließendem Wasser gründlich bürsten. Das Blatt- und Wurzelende sowie dunkle Stellen abschneiden. Den Sellerie in dünne Scheiben und diese in kleine Würfel schneiden. Das Apfelfleisch, die Selleriewürfel

Sellerie wird vom Blatt- und Wurzelende sowie von allen dunklen und schlechten Stellen befreit, dann in Scheiben und diese in kleine Würfel geschnitten.

und die gehackten Walnüsse mit der Sahnemayonnaise mischen und in die ausgehöhlten Äpfel füllen. Die Salatblätter waschen, trockenschleudern und eine Platte damit belegen. Die Äpfel daraufsetzen und auf jeden gefüllten Apfel eine Walnußkernhälfte legen.

Bleichsellerie mit Käsecreme

Dieses feine Gemüse ist bei uns nicht sehr bekannt. In Frankreich und Italien schätzt man es um so mehr. Von dort stammt auch meist der biologisch angebaute Bleich- oder Staudensellerie, den man im Naturkostladen in den frühen Wintermonaten kaufen kann. Die kräftigen blaßgrünen Stangen schmecken salzig und mild nach Sellerie. Sie wirken sehr appetitanregend und erfrischend. Auf folgende Art kann Bleichsellerie als festliche Vorspeise gereicht werden.

Für die Sauce: 100 g Blauschimmelkäse · ½ Teel. Selleriesalz · 1 Prise gemahlener weißer Pfeffer · 1 Messerspitze gemahlener Anis · 1 Teel. Birnendicksaft · 1 Eßl. Zitronensaft · 5 Eßl. süße Sahne · 4 Orangen (keine Navelorangen) · 4 Stangen Bleichsellerie

Pro Portion: etwa 970 Joule/230 Kalorien
Zubereitungszeit: 40 Minuten

Für die Sauce den Käse mit der Gabel zerdrükken, mit dem Selleriesalz, Pfeffer, Anis, Birnendicksaft, Zitronensaft und der Sahne verrühren. Die Orangen waschen und abtrocknen. Von jeder Orange das obere Drittel abschneiden, den Saft aus den Kappen pressen und zu der Sauce geben. Die Orangen vorsichtig aushöhlen. Die Kerne entfernen und das Orangenfleisch kleinschneiden. Die Selleriestangen waschen, abtropfen lassen, die grünen Blätter abschneiden und feinhacken. Die Stangen in kleine Stücke schneiden, zusammen mit dem Orangenfleisch unter die Käsecreme heben, in die ausgehöhlten Orangen füllen und mit dem Selleriegrün bestreuen.

Schwarzwurzeln

Die langen Wurzeln gibt es aus heimischem Anbau von Mitte November bis Januar. Ihre Zubereitung macht allerdings Arbeit, denn sie sind voller Erde, müssen gründlich gewaschen und anschließend geschabt werden, wobei sich die Finger rostrot verfärben. Doch die Mühe lohnt sich. Schwarzwurzeln sind sehr delikat, enthalten viel Mineralstoffe und Vitamine (vor allem Vitamin E). Geschälte Schwarzwurzeln färben sich sofort braun. Man raspelt sie deshalb gleich nach dem Schaben in die fertige Sauce.

Schwarzwurzeln mit Äpfeln

Für die Sauce: ¼ Teel. Meersalz · 1 Messerspitze Macispulver · 1 Teel. getrockneter Estragon · 1 Eßl. Zitronensaft · ⅛ l saure Sahne · 1 Eßl. Öl · 500 g Schwarzwurzeln · 2 Äpfel · je 1 Bund Schnittlauch und Petersilie

Pro Portion: etwa 605 Joule/145 Kalorien
Zubereitungszeit: 50 Minuten

Für die Sauce das Salz mit dem Macispulver, zerriebenen Estragon, Zitronensaft und der sauren Sahne verrühren, bis sich das Salz völlig aufgelöst hat. Das Öl unterrühren und die Sauce kurz mit dem Schneebesen schlagen. Die Schwarzwurzeln unter fließendem Wasser bürsten, dabei achtgeben, daß die Stangen nicht brechen. Die Blattansätze abschneiden. Die Stangen einzeln schaben, jede geputzte Schwarzwurzel sofort in die Sauce reiben und unterrühren. Die Äpfel waschen, abtrocknen, ebenfalls in die Sauce reiben und unterrühren. Den Schnittlauch und die Petersilie waschen, trockenschleudern, den Schnittlauch schneiden, die Petersilie fein hakken und unter die Schwarzwurzeln mischen.

Topinambur

Die eßbaren Wurzelknollen dieser Sonnenblumenart erinnern in der Form an die Verzweigungen der Ingwerwurzel. Dieses Gemüse macht dem Gärtner wenig Arbeit. Es wächst wild und vermehrt sich selbst über die kleinen Knollen, die bei der Ernte in der Erde verbleiben. Feldmäßig wird Topinambur leider selten angebaut. So ist das Angebot (geerntet wird im Oktober) spärlich. Topinambur enthält das für Diabetiker sehr wichtige Inulin, das mit dem Insulin verwandt ist und regulierend auf die Bauchspeicheldrüse wirkt. Topinambur schmeckt roh nach frischen Haselnüssen und Kokosnuß. Gekocht erinnert das Gemüse im Geschmack an Artischocken. Daher kommt die Bezeichnung »Erdartischokke«. Man kann die Knollen nach der Ernte in Erde und Sand in einer Kiste im kühlen Keller lagern. Topinambur übersteht, in der Gartenerde belassen, Temperaturen bis zu −30°.

Topinambur mit Kresse

Für die Sauce: 125 g Magerquark · ½ Teel. Kräutersalz · je 1 Messerspitze gemahlenen Fenchel, gemahlenen Piment und geriebene Muskatnuß · ½ Teel. getrockneten Zitronenthymian · 1 Tasse Buttermilch
500 g Topinambur · 1 Eßl. Zitronensaft · 2 Eßl. Öl · 2 Kartons Gartenkresse oder ebensoviel Brunnenkresse · 1 Bund Petersilie

Pro Portion: etwa 1220 Joule/290 Kalorien
Zubereitungszeit: 20 Minuten

Für die Sauce den Quark mit dem Kräutersalz, Fenchel, Piment, Muskat und zerriebenen Zitronenthymian verrühren. Die Buttermilch mit dem Schneebesen unterrühren und den Quark cremig schlagen. Den Topinambur unter fließendem Wasser gründlich bürsten. Dichtverzweigte Knollen ein- oder zweimal durchschneiden, damit Erdrückstände in den Knollenverzweigungen herausgespült werden können. Den Topinambur ungeschält in dünne Scheiben in eine Schüssel hobeln, mit dem Zitronensaft und Öl beträufeln und behutsam wenden. Gartenkresse vom »Beet« schneiden, waschen, abtropfen lassen, Brunnenkresse kleinschneiden. Die Topinamburscheiben und die Kresse auf einer Platte arrangieren. Die Petersilie waschen, trockenschleudern, fein hacken, die Quarkcreme damit bestreuen und diese zur Topinambur-Rohkost reichen.

Variante: Topinambur mit Sanddorn und Haselnüssen
Aus 1 Messerspitze Salz, 2 Teelöffeln Honig, 1 Eßlöffel Zitronensaft, 3 Eßlöffeln ungesüßtem Sanddornelexier und 3 Eßlöffeln Haselnußmus eine Sauce anrühren. Die Topinamburwurzeln waschen, dünn in die Sanddornsauce hobeln, mit grob gehackten Haselnüssen bestreuen und die Sauce behutsam unterheben.

Tip: 1–2 geschälte Blutorangen zerteilen, die Stücke kleinschneiden und untermischen.

Rote Bete

Auch dieses Wurzelgemüse kommt nach der Ernte im Spätherbst gut über den Winter. Wer häufig rote Bete roh ißt, kommt ebenfalls gut über den Winter. Denn rote Bete helfen bei Grippe und fieberhaften Erkältungen. Rohe rote Bete haben einen eigenartigen, sehr angenehmen süß-salzigen Geschmack. Man reibt sie am besten ganz fein , dann sind sie gut verträglich und besonders saftig.

Rote Bete mit Äpfeln

Für die Sauce: 1 Messerspitze Selleriesalz · 1 Teel. Honig · je 1 Messerspitze gemahlener Anis und geriebene Ingwerwurzel · 1 kleine Prise Zimt · 3 Eßl. Kanne Brottrunk (siehe Tip) · 4 Eßl. Öl
350 g rote Bete · 350 g Äpfel

Pro Portion: etwa 460 Joule/110 Kalorien
Zubereitungszeit: 20 Minuten

Für die Sauce das Selleriesalz mit dem Honig, Anis, Ingwer, Zimt und Kanne Brottrunk verrühren, bis sich das Salz völlig aufgelöst hat. Das Öl zugießen und rühren, bis die Sauce dicklich wird. Die rote Bete unter fließendem Wasser gründlich bürsten, Wurzel- und Blattansätze abschneiden und die rote Bete ungeschält ganz fein reiben. Die Äpfel waschen, abtrocknen, vierteln und die Kerngehäuse entfernen. Die Apfelviertel etwas gröber als die rote Bete reiben und mit diesen mischen. Die Sauce darübergießen und durchheben.

Tip: Kanne Brottrunk (erhältlich im Reformhaus oder Naturkostladen) ist ein milchsaures Getränk, das an Kwass, das russische Brotbier erinnert. Kanne Brottrunk wird aus Vollkornbrot, Wasser und Rosinen hergestellt. Er ist alkoholfrei und hat den typisch säuerlich-milden Geschmack.

Rote Bete mit Meerrettich

Für die Sauce: ¼ Teel. Meersalz · 2 Teel. Honig oder Ahornsirup · 5 Eßl. Dickmilch · 2 Eßl. frischgeriebener Meerrettich
500 g rote Bete · 2 Eßl. Apfelessig · 50 g Haselnüsse

Pro Portion: etwa 735 Joule/175 Kalorien
Zubereitungszeit: 20 Minuten

Für die Sauce das Salz mit dem Honig oder Ahornsirup und der Dickmilch verrühren. Den Meerrettich unterrühren und die Sauce zudekken. Die rote Bete gründlich unter fließendem Wasser bürsten, die Blatt- und Wurzelansätze abschneiden und die rote Bete fein reiben. Den Apfelessig darüberträufeln. Die Haselnüsse grob hacken, mit der roten Bete mischen, die Sauce darübergießen und behutsam unterheben.

Rote Bete mit Gurken

Für die Sauce: ¼ Teel. Meersalz · 1 Prise gemahlener schwarzer Pfeffer · ¼ Teel. gemahlener Kümmel · ½ Teel. getrockneter Estragon · 3 Eßl. Einlegflüssigkeit der milchsauren Gurken · 5 Eßl. Öl · 1 kleine Zwiebel
350 g rote Bete · 250 g Knollensellerie · 150 g milchsauer eingelegte Gurken · 1 Bund Schnittlauch · 1 Bund frischer Kerbel

Pro Portion: etwa 715 Joule/170 Kalorien
Zubereitungszeit: 30 Minuten

Das Salz mit dem Pfeffer, Kümmel, Estragon und der Einlegflüssigkeit der Gurken verrühren, bis sich das Salz aufgelöst hat. Das Öl zugießen. Die Zwiebel schälen, kleinwürfeln und in die Sauce geben. Die rote Bete und den Sellerie unter fließendem Wasser bürsten, die Wurzel- und Blattansätze abschneiden. Die Knollen in dünne Scheiben und diese in feine Streifen schneiden und mischen. Die milchsauren Gurken in kleine Würfel schneiden. Die frischen Kräuter waschen, trockenschleudern, kleinschneiden und mit den Gurken unter die Rohkost mengen. Die Sauce darübergießen und unterheben.

Möhren machen munter

Möhren

Möhren gibt es das ganze Jahr über zu kaufen. Die späten Sorten eignen sich hervorragend zum Einmieten auf dem Feld oder zum Einkellern, sofern ein kühler, nicht zu trockener Keller vorhanden ist. Das macht die gesundheitlich so wertvollen Möhren zum wichtigsten Wintergemüse. Die Möhrenpflanze speichert in ihrer gelben Wurzel so viel Süße, wie wir sie sonst nur in den Obstfrüchten kennen. Möhren enthalten mehr Karotin, das im Körper in Vitamin A umgewandelt wird, als andere Nahrungspflanzen. Möhren sind ein altbewährtes Schönheits- und Schlankheitsmittel, wenn sie kurmäßig über längere Zeit als Rohkost genossen werden. Sie wirken haut- und blutreinigend und außerdem entwässernd. Kinder mögen Möhren wegen ihrer Süße besonders gern. Weil sie so gut vertragen werden, sind Möhren das erste Gemüse des Säuglings. Babys bekommen vom rohen Gemüsesaft eine schöne goldbraune Hauttönung.

Möhren-Muntermacher-Trunk

Bild Seite 26

Zu Anfang des Buches wurde schon erwähnt, daß die ganze Gemüsepflanze für unsere Ernährung wertvoller ist als der aus ihr gepreßte Saft, dem einige Wertstoffe bzw. Ballaststoffe des Gemüses fehlen. Außerdem schluckt man Saft viel zu rasch hinunter; er wird nicht eingespeichelt und deshalb weniger gut verdaut. Niemand kann 500 g Möhren in 5 Minuten verzehren. Der Saft daraus läßt sich jedoch in noch kürzerer Zeit trinken. Eingedenk dessen, trinken Sie diesen Trunk besonders langsam, lassen Sie jeden Schluck genießerisch auf der Zunge zergehen. Man benötigt zur Zubereitung einen Entsafter.

500 g Möhren · 500 g Äpfel · 2 Blutorangen · Saft von 1 Zitrone · ¼ l süße Sahne · 1 Prise geriebene Ingwerwurzel · 1 Bund Dill

Pro 0,25 l: etwa 1470 Joule/ 350 Kalorien
Zubereitungszeit: 10 Minuten

Die Möhren unter fließendem Wasser bürsten und in Stücke schneiden. Die Äpfel waschen, vierteln und vom Kerngehäuse befreien. Die Orangen schälen und in Segmente teilen. Möhren, Äpfel und Orangen portionsweise im Entsafter auspressen. Den Zitronensaft, die Sahne und den Ingwer unterrühren. Den Dill waschen, trokkenschleudern und feinhacken. Den Saft in Gläser füllen und den Dill daraufstreuen.

Möhren mit Haselnüssen

Für die Sauce: 1 Messerspitze Salz · 1 Teel. Ahornsirup · je 1 Prise gemahlener Fenchel und gemahlener Anis · 2 Eßl. Zitronensaft · 3 Eßl. Öl
750 g Möhren · 2 Eßl. Haselnußkerne · ½ Bund Petersilie

Pro Portion: etwa 800 Joule/190 Kalorien
Zubereitungszeit: 20 Minuten

Für die Sauce das Salz mit dem Ahornsirup, Fenchel, Anis und Zitronensaft verrühren, bis sich das Salz völlig aufgelöst hat. Das Öl zugießen und verrühren. Die Möhren unter fließendem Wasser gründlich bürsten, die Blattansätze und Wurzelspitzen abschneiden und die Möhren möglichst ungeschält fein reiben. Die Haselnüsse grob hacken und mit den geriebenen Möhren mischen. Die Sauce darübergießen und die Möhren behutsam durchheben. Die Petersilie waschen, trockenschleudern, feinhacken und die Möhrenrohkost damit bestreuen.

Feiner Waldorfsalat, gefüllt in ausgehöhlte Äpfel, ist ein leichtes Abendessen. Rezept Seite 45.

Tip: Nicht nur die dünnhäutigen Sommermöhren werden ungeschält gerieben, auch die dickeren Möhren sollten nicht geschält werden. Nur dunkelgefärbte Stellen abschneiden. Dicht unter der Außenhaut enthält alles Gemüse besonders viele Wertstoffe.

Variante: Möhren mit Äpfeln und Walnüssen
Dieselbe Sauce zubereiten und zusätzlich mit einer Prise Zimt würzen. 2 gewaschene, ungeschälte Äpfel grob hineinreiben. 500 g Möhren ebenfalls grob raspeln und mit den übrigen Zutaten mischen. 1 Eßlöffel grob gehackte Walnüsse darüberstreuen und, wenn erhältlich, einige feingehackte frische Pfefferminzblättchen.

Variante: Möhren im Rapunzelbeet
Sauce aus ½ Teelöffel Kräutersalz, ½ zerdrückter Knoblauchzehe, 1 kleinen, sehr fein gewürfelten Zwiebel, 1 Messerspitze gemahlenem Koriander, 1 Prise geriebener Muskatnuß, 2 Eßlöffeln Zitronensaft, 3 Eßlöffeln Orangensaft und 5 Eßlöffeln Öl anrühren. 200 g kleine Rapunzel (Feldsalat) verlesen, waschen und trockenschleudern.
500 g Möhren unter fließendem Wasser bürsten, grob raspeln und in die Mitte einer Salatschüssel geben. Die Rapunzelrosetten darum herum legen und alles mit der Sauce übergießen. Nicht mehr durchheben. Statt Rapunzel können es auch 100 g Brunnenkresse oder 50 g Gartenkresse sein.

Möhren mit Ananas

Für die erste Sauce: ½ Eigelb · 6 Eßl. Sonnenblumenöl · 3 Teel. Zitronensaft · 1 Messerspitze Kräutersalz · 1 Teel. Birnendicksaft · 2 Eßl. frische Kräuter (Petersilie, wenn möglich auch etwas Estragon, Zitronenmelisse)
Für die zweite Sauce: 1 Teel. Ahornsirup · 1 Eßl. Zitronensaft · 3 Eßl. naturreiner Quittensaft · 2 Eßl. Öl
500 g Möhren · 1 kleiner Endiviensalat · 250 g frische Ananas · Saft von 1 Blutorange

Pro Portion: etwa 905 Joule/215 Kalorien
Zubereitungszeit: 40 Minuten

Für die erste Sauce das Eigelb glattrühren, tropfenweise das Öl unterrühren, dann einige Tropfen Zitronensaft zufügen. Wieder etwas Öl und dann Zitronensaft zufügen. Dabei ständig rühren, bis der Zitronensaft und das Öl aufgebraucht und eine dicke Mayonnaise entstanden ist. Die Mayonnaise mit dem Kräutersalz und Birnendicksaft würzen. Die Kräuter waschen, trokkenschleudern, sehr fein hacken und unter die Mayonnaise rühren. Für die zweite Sauce den Ahornsirup, Zitronensaft, Quittensaft und das Öl miteinander verrühren. Vom Endiviensalat das Wurzelende abschneiden. Die Staude in Blätter zerlegen, dabei welke Blätter entfernen, waschen, abtropfen lassen und trockenschleudern. Den Endiviensalat in dünne Streifen schneiden und mit der Kräutermayonnaise mischen. Die Ananas schälen, in Scheiben schneiden und die holzige Mitte ausstechen. Die Ananasscheiben würfeln und mit dem Orangensaft beträufeln. Die Möhren unter fließendem Wasser bürsten und grob reiben. Den Endiviensalat auf einer Platte ausbreiten. Die Möhren in die Mitte geben und die Ananaswürfel als Kranz darum herumlegen. Die Zitronensauce gleichmäßig auf die geraspelten Möhren gießen.

Tip: Im Winter sind frische Kräuter rar. Nur wer ein Kräuterbeet im Garten besitzt, kann dort zuweilen auch unterm Schnee noch Salbei oder andere winterharte Kräuter ernten. Als Ersatz für frische Gartenkräuter dient Fenchelgrün, die Blätter von Bleichsellerie, Kresse oder auch feingehackter Spinat.

Eine ideale Kombination: Möhren mit angekeimten Weizenkörnern. Rezept auf dieser Seite.

Möhren mit angekeimten Weizenkörnern

Bild nebenstehend

Für die Sauce: ¼ Teel. Kräutersalz · ¼ Teel. getrocknetes Liebstöckel · je 1 Prise gemahlener Koriander und gemahlener Fenchel · ½ Teel. abgeriebene unbehandelte Zitronenschale · 1 Eßl. Zitronensaft · ⅛ l saure Sahne · 1 Eßl. Öl
750 g Möhren · 2 Eßl. Weizenkörner · reichlich frische Kräuter (ein wenig Dill, Petersilie, Rosmarin und Salbei)

Pro Portion: etwa 400 Joule/95 Kalorien
Quellzeit für die Weizenkörner: 24–36 Stunden
Zubereitungszeit: 20 Minuten

Die Weizenkörner in einem Sieb unter fließendem Wasser waschen, abtropfen lassen, in eine flache Schale füllen und mit Wasser bedeckt mindestens 24 Stunden quellen lassen. Danach die Körner in einem Sieb überbrausen und für die Rohkost verwenden oder nochmals von frischem Wasser knapp bedeckt 12 Stunden quellen lassen. Für die Sauce das Kräutersalz, zerriebenen Liebstöckel, den Koriander, Fenchel und die Zitronenschale mit dem Zitronensaft und der sauren Sahne verrühren. Das Öl zufügen und rühren, bis sich alle Zutaten gut miteinander verbunden haben. Die Möhren unter fließendem Wasser gründlich bürsten, die Wurzel- und Blattansätze abschneiden und die Möhren grob raspeln. Die Kräuter waschen und trockenschleudern. Etwas Petersilie zurückbehalten, den Rest mit den anderen Kräutern fein hacken und mit den angekeimten Weizenkörnern und den Möhren mischen. Die Sauce darübergießen und behutsam unterheben. Das Ganze mit der Petersilie garnieren.

Möhren mit Sellerie und Rettich

Für die Sauce: ¼ Teel. Meersalz · 1 Teel. Apfeldicksaft · je 1 Messerspitze gemahlener Koriander und gemahlener Kümmel · je ½ Teel. getrockneter Zitronenthymian und Basilikum · 1 Eßl. Zitronensaft · 2 Eßl. Öl · 150 g Dickmilch oder Joghurt · 1 Bund Schnittlauch
350 g Möhren · 250 g Knollensellerie · 1 schwarzer Rettich (etwa 300 g)

Pro Portion: etwa 610 Joule/145 Kalorien
Zubereitungszeit: 30 Minuten

Für die Sauce das Salz mit dem Dicksaft, Koriander, Kümmel, Zitronensaft und Öl verrühren, bis sich das Salz völlig aufgelöst hat. Die getrockneten Kräuter zwischen den Fingern in die Sauce reiben und darin ziehen lassen. Die Möhren, den Sellerie und den Rettich unter fließendem Wasser gründlich bürsten, die Wurzelspitzen und Blattansätze abschneiden, bei Möhren und Sellerie dunkle Stellen abschneiden, beim Rettich Wurzelhärchen und wenn nötig schlechte Stellen entfernen. Die Möhren und den Rettich hobeln, den Rettich zuvor vierteln. Den Sellerie in Scheiben und diese in dünne Stifte schneiden. Das zerkleinerte Wurzelgemüse mischen. Die Dickmilch oder den Joghurt mit dem Schneebesen unter die Sauce rühren. Den Schnittlauch waschen, abtropfen lassen, in kleine Röllchen schneiden und in die Sauce geben. Die Sauce umrühren, über die Wurzelrohkost gießen und diese behutsam durchheben.

Tip: Probieren Sie für diese Rohkost einmal umrühren, über die Wurzelrohkost gießen und diese behutsam durchheben.

Rohkostplatten

Am einfachsten und »vollwertigsten« wäre es, das rohe Gemüse möglichst unzerkleinert auf den Tisch zu stellen. Man knabbert dann Wurzeln, Blätter und Früchte aus der Hand. Wer die Gaben des Gemüsegartens so unverfälscht genießt, erfährt etwas vom eigenen Charakter jeder einzelnen Gemüseart, schmeckt etwa die Süße der Möhre, die Fruchtigkeit der Tomate, die feinen Bitterstoffe in manchen Blattsalaten. Die Liebe zur Abwechslung sowie zur Verfeinerung der Speisen ist uns jedoch angeboren. Deshalb schmeckt uns Rohkost mit einer Sauce besser. Was gut mundet, bekommt auch meist gut.

»Erste-Ernte«-Platte

Für die erste Sauce: 1 Messerspitze Meersalz · 1 Teel. Kräutersenf · 1 Prise gemahlener Piment · 2 Eßl. Apfelessig · 6 Eßl. Öl
Für die zweite Sauce: 1 Messerspitze Meersalz · 1 Teel. Honig · 1 Prise gemahlener Anis · 1 Eßl. Zitronensaft · ⅛ l süße Sahne
1 Kopfsalat · 50 g Brennesselspitzen und 1 Handvoll andere Wildkräuter (zarte Löwenzahnblätter, Schafgarbe, Sauerampfer, Vogelmiere) · 2 Bund Radieschen · 1 Bund Schnittlauch · 1 Eßl. ungeschwefelte Rosinen · 2 säuerliche Äpfel · 2 Teel. Zitronensaft · 1 Eßl. Mandeln

Pro Portion: etwa 1470 Joule/350 Kalorien
Zubereitungszeit: 30 Minuten

Für die erste Sauce das Salz mit dem Kräutersenf, Piment und Essig verrühren, bis sich das Salz völlig aufgelöst hat. Das Öl zugießen und rühren, bis die Sauce dicklich wird. Für die Sahnesauce das Salz mit dem Honig, Anis und Zitronensaft verrühren, bis sich das Salz völlig aufgelöst hat. Die Sahne halb steif schlagen und unterziehen. Für die Rohkostplatte den Kopfsalat in Blätter zerlegen, waschen, trockenschleudern und mit den großen äußeren Blättern eine Platte auslegen. Die Wildkräuter verlesen, waschen, trockenschleudern und fein hacken. Die übrigen Salatblätter kleinschneiden und mit den Kräutern mischen. Die Radieschen waschen, die Blattansätze und Wurzelspitzen abschneiden und die Radieschen dünn hobeln. Den Schnittlauch waschen, abtropfen lassen, in Röllchen schneiden und mit den Radieschen mischen. Die Rosinen warm überbrausen und abtropfen lassen. Die Äpfel waschen, abtrocknen, ungeschält mit dem Kerngehäuse grob raspeln, mit den Rosinen mischen und dem Zitronensaft beträufeln. Nun alles auf der Platte anordnen. Die Mandeln grob hacken und den Apfelsalat damit bestreuen. Die Saucen gesondert dazureichen.

Spinat-Kohlrabi-Möhren-Platte

Für die erste Sauce: 1 Bund weiße Frühlingszwiebeln · 1 Knoblauchzehe · 1 Teel. Kräutersalz · 1 Prise gemahlener weißer Pfeffer · 1 Eßl. sehr guter Weinessig · 3 Eßl. naturreiner Apfelsaft · 5 Eßl. Olivenöl
Für die zweite Sauce: 1 Messerspitze Meersalz · 2 Teel. Apfeldicksaft · 1 Messerspitze gemahlener Fenchelsamen · 1 Eßl. Zitronensaft · ⅛ l saure Sahne · das Grün der Frühlingszwiebeln
150 g zarten Blattspinat · 2–3 junge Kohlrabiknollen · 300 g junge Möhren

Pro Portion: etwa 945 Joule/225 Kalorien
Zubereitungszeit: 30 Minuten

Für die erste Sauce die Frühlingszwiebeln waschen, abtropfen lassen, die grünen Blattröhren abschneiden und aufbewahren. Die Zwiebeln sehr fein hacken. Die Knoblauchzehe schälen, hacken, mit dem Kräutersalz zerdrücken und mit dem Pfeffer, Essig und Apfelsaft verrühren. Das Öl zugießen und rühren, bis die Sauce dicklich wird. Zuletzt die gehackten Zwiebeln unterrühren. Für die zweite Sauce das Salz mit dem Apfeldicksaft, Fenchel und Zitronensaft verrühren, bis sich das Salz völlig aufgelöst hat. Die saure Sahne zugießen und rühren, bis sich die Zutaten gut miteinander verbunden haben. Das Zwiebelgrün in dünne Ringe schneiden und unter die Sauce mischen. Für die Rohkostplatte den Spinat verlesen, waschen, trockenschleudern und kleinschneiden. Die Kohlrabi schälen und fein raspeln. Die Möhren unter fließendem Wasser gründlich bürsten. Die Blattansätze und Wurzelenden abschneiden und die Möhren ebenfalls fein reiben. Den geriebenen Kohlrabi und die Möhren nebeneinander auf einer runden Platte anrichten und mit dem Spinat umkränzen. Die Saucen gesondert dazureichen.

»Sommerende«-Platte

Bild Seite 70

Wenn die letzten Freilandtomaten geerntet werden, sind bei uns die ersten Birnen reif. Der Herbst hält Einzug. Im Gemüsegarten ist das die Zeit der letzten großen Ernte. Feiern Sie so oft wie möglich Erntefest mit Rohkostplatten, deren Mittelpunkt Fruchtgemüse wie Tomaten, Kürbis, Gurken, Auberginen oder Paprikaschoten bildet.

Für die erste Sauce: 100 g weichen Blauschimmelkäse · ⅛ l Buttermilch oder Dickmilch · 1 Messerspitze gemahlener Koriander · frische Gartenkräuter (Petersilie, Pimpinelle, einige Liebstöckelblätter)
Für die zweite Sauce: ¼ Teel. Meersalz · 1 Eßl. Zitronensaft · 1 Teel. geriebener Meerrettich · Saft von 1 Orange, ersatzweise 1 Eßl. Birnendicksaft · 1 Teel. abgeriebene unbehandelte Zitronenschale · ⅛ l süße Sahne · 350 g Kürbis · 1 Eßl. Zitronensaft · 50 g Walnußkerne · 4 Tomaten · 1 Karton Gartenkresse · 1 mittelgroße Sellerieknolle · 2 reife Birnen · 1 Staude Endiviensalat

Pro Portion: etwa 1720 Joule/410 Kalorien
Zubereitungszeit: 45 Minuten

Für die erste Sauce den Blauschimmelkäse mit der Gabel zerdrücken, die Buttermilch und den Koriander zufügen und die Zutaten mit dem Schneebesen zu einer glatten Sauce verrühren.

Für die Käsesauce wird der Blauschimmelkäse (Gorgonzola oder Bavaria blue) fein zerdrückt und mit den übrigen Zutaten zu einer Sauce verrührt.

Die Kräuter waschen, trockenschleudern, fein hacken und unter die Käsesauce rühren.
Für die zweite Sauce das Salz mit dem Zitronensaft, Meerrettich, Orangensaft oder Birnendicksaft und der Zitronenschale verrühren, bis sich das Salz völlig aufgelöst hat. Die Sahne halbsteif schlagen und unterziehen. Den Kürbis schälen, grob raspeln und mit dem Zitronensaft beträufeln. Die Walnußkerne grob hacken. Die Tomaten waschen, häuten und in Scheiben schneiden. Die Kresse abschneiden, kurz kalt überbrausen, abtropfen lassen und etwas kleiner hacken. Den Sellerie gründlich unter fließen-

dem Wasser bürsten, nur wenn nötig schälen, in dünne Scheiben und diese in etwa 3 cm lange dünne Stifte schneiden. Die Birnen waschen, vierteln, vom Kerngehäuse befreien und ebenfalls stifteln. Den Endiviensalat in Blätter zerlegen, waschen, trockenschleudern und in dünne Streifen schneiden. Den Endiviensalat auf einer großen Platte ausbreiten, die übrige Rohkost nebeneinander auf dem grünen Salatbeet anordnen und den Kürbis mit den gehackten Walnußkernen bestreuen. Die Saucen gesondert dazureichen.

Spargelplatte mit Broccoli

Für die Sauce: 1 Teel. Kräutersalz · 1 Messerspitze geriebene Ingwerwurzel · 1 Messerspitze Macispulver · 2 Teel. Honig · 1 Eigelb · 1 Eßl. Zitronensaft · 5 Eßl. naturreiner Traubensaft · 6 Eßl. Sonnenblumenöl
500 g Spargel · 500 g Broccoli · einige Eissalatblätter · 1 Bund Petersilie

Pro Portion: etwa 1010 Joule/240 Kalorien
Zubereitungszeit: 45 Minuten
Zeit zum Durchziehen: 20–30 Minuten

Für die Sauce das Kräutersalz mit dem Ingwer, Macispulver, Zitronen- und Traubensaft verrühren. Das Öl zugießen und rühren, bis sich alle Zutaten gut miteinander verbunden haben. Den Spargel waschen, abtropfen lassen, die Spargelstangen sorgfältig schälen, dabei die Stangenenden abschneiden, soweit sie holzig sind. Den Spargel in kleine Stücke schneiden. Den Broccoli waschen, die dicken und auch die dünnen Stiele schälen. Nur die zartesten Stiele brauchen nicht geschält zu werden. Den Broccoli mit den Blütenköpfen fein reiben. Die Eissalatblätter waschen, trockenschleudern und einzeln kurz durch die Sauce ziehen. Eine flache Salatschüssel damit auslegen, den Spargel in die Mitte häufen und den geriebenen Broccoli als grünen Kranz um den Spargel herum anrichten.
Die Sauce gleichmäßig darüberträufeln. Die Petersilie waschen, trockenschleudern, fein hakken und die Rohkost damit bestreuen; 20–30 Minuten zugedeckt durchziehen lassen.

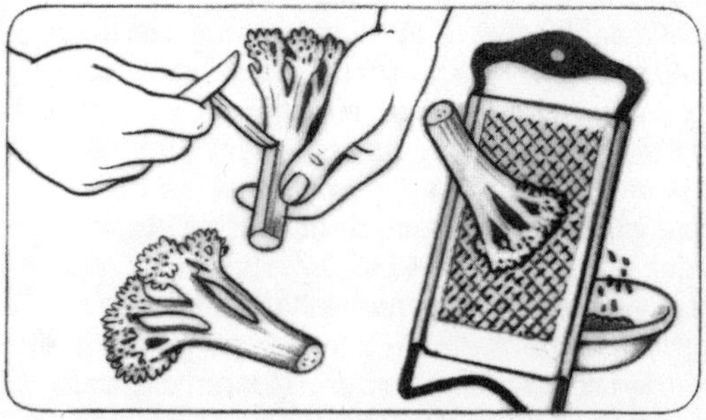

Die feingeriebenen Blütenköpfe des Broccolis werden als grüner Kranz um den Spargel herum angerichtet.

Tip: Soll ein Rohkostgericht ausnahmsweise wegen des besseren Geschmacks einige Zeit durchziehen, ist es besonders wichtig, die Sauce zuerst zuzubereiten, damit das zerkleinerte Gemüse nicht zu lange der Luft ausgesetzt ist.

Grünkohl-Schwarzwurzel-Platte

Für die Sauce: ¼ Teel. Meersalz · 1 Eßl. schwach gesüßtes Preiselbeerelexier oder Birnendicksaft · 1 Messerspitze Macispulver · 2 Eßl. Zitronensaft · 150 g Joghurt
750 g Grünkohl · 1 Eßl. Orangensaft · 2 Eßl. Öl · 1 Eßl. Mandeln · 1 Eßl. Zitronensaft · 350 g Schwarzwurzeln · 3 Mandarinen · 3 Eßl. süße

Sahne · 1 Messerspitze geriebene Ingwerwurzel · 2 Radicchio

Pro Portion: etwa 1410 Joule/335 Kalorien
Zubereitungszeit: 1 Stunde

Für die Sauce das Salz mit dem Preiselbeerelexier oder Birnendicksaft, dem Zitronensaft und Joghurt mit dem Schneebesen verrühren und die Sauce leicht schaumig schlagen. Die krausen Grünkohlblätter von den Stielen streifen; die Strünke für eine Gemüsebrühe verwenden. Die Grünkohlblätter gründlich waschen, abtropfen lassen und fein hacken, je feiner desto besser. Den Grünkohl auf einem Drittel einer runden Platte anrichten. Den Orangensaft und das Öl verrühren und auf den Grünkohl gießen. Die Mandeln hobeln und den Kohl damit bestreuen. Den Zitronensaft mit der Sahne und dem Ingwer verrühren. Die Schwarzwurzeln unter fließendem Wasser gründlich bürsten, schaben, jede Wurzel sofort in die Orangensahne reiben und mit der Sauce verrühren. Die Schwarzwurzeln neben dem Grünkohl anrichten. Vom Radicchio die Strunkenden abschneiden. Die Köpfe in Blätter zerlegen, waschen und trockenschleudern. Große Blätter etwas kleinerzupfen. Den Radicchio auf dem letzten Drittel der Platte anrichten und nun alles gleichmäßig mit der Sauce übergießen.

Rüben-Rettich-Rapunzel-Platte

Für die Sauce: ½ Teel. Meersalz · 1 Eßl. Apfeldicksaft · ½ Teel. gemahlene Senfkörner · 2 Eßl. Zitronensaft · Saft von 1 Blutorange · 6 Eßl. Öl · 1 Zwiebel
2 rote Bete (etwa 300 g) · 1 Messerspitze gemahlener Anis · 2 schwarze Rettiche (etwa 300 g) · 1 Prise gemahlener schwarzer Pfeffer · 300 g Rapunzel (Feldsalat) · 1 Bund Schnittlauch

Pro Portion: etwa 775 Joule/185 Kalorien
Zubereitungszeit: 30 Minuten

Für die Sauce das Salz mit dem Apfeldicksaft, Senf, Zitronen- und Orangensaft verrühren, bis sich das Salz völlig aufgelöst hat. Die Zwiebel schälen, in ganz kleine Würfel schneiden und unter die Sauce rühren. Die rote Bete gründlich unter fließendem Wasser bürsten, die Wurzel- und Stielansätze entfernen. Die rote Bete sehr fein reiben und mit dem gemahlenen Anis würzen. Die Rettiche ebenfalls unter fließendem Wasser bürsten und die Stiel- und Wurzelansätze entfernen. Die Rettiche ungeschält grob raspeln und mit dem Pfeffer bestreuen. Den Rapunzel verlesen, in reichlich Wasser gründlich waschen und trockenschleudern. Große Pflänzchen teilen, kleine ganz lassen. Den Schnittlauch waschen, abtropfen lassen und in Röllchen schneiden. Die geriebenen rote Bete und den Rettich nebeneinander auf einer Salatplatte anordnen, mit dem Rapunzel umkränzen und dem Schnittlauch bestreuen. Die Sauce gleichmäßig über die Rohkost gießen.

Dips und Wintergemüse

In der kalten Jahreszeit tragen Rohkostplatten dazu bei, uns gesund zu halten. Mit einigen Rezeptbeispielen soll gezeigt werden, wie man Rohkostplatten mit Wintergemüse abwechslungsreich zubereiten kann. Gleichzeitig sei hier noch gesagt, daß Rohkost vor allem im Winter nicht gekühlt gereicht werden soll, wenn unser Energiebedarf höher ist als in der warmen Zeit.

Rohkostplatten

Für den ersten Dip: 100 g weicher Blauschimmelkäse · je ½ Teel. getrockneter Salbei und Thymian · ⅛ l Dickmilch · 30 g fein gemahlene Walnußkerne · je 1 Bund Dill und Schnittlauch
Für den zweiten Dip: 1 Eßl. frische Pfefferminzblätter oder 1 Teel. getrocknete Pfefferminzblätter · 2 Eßl. naturreiner Apfelsaft · 2 große säuerliche Äpfel · 1 Eßl. Zitronensaft · 1 Messerspitze geriebene Ingwerwurzel · 5 Eßl. süße Sahne
Für den dritten Dip: 200 g Kefir · 1 Teel. Kräutersalz · 1 Teel. mildes Paprikapulver · 4 Knoblauchzehen
2 Chicoréestauden · 250 g große Möhren · 1 Staude Bleichsellerie · 1 schwarzer Rettich (300 g)

Pro Portion: etwa 1470 Joule/350 Kalorien
Zubereitungszeit: 1 Stunde

Für den ersten Dip den Käse mit der Gabel zerdrücken, den Salbei und Thymian zwischen den Fingern zerreiben und auf den Käse streuen. Die Dickmilch kurz mit dem Schneebesen durchschlagen und gründlich mit dem Käse verrühren. Die gemahlenen Walnüsse zufügen. Den Dill und Schnittlauch waschen, trockenschleudern, den Dill fein hacken, den Schnittlauch in Röllchen schneiden und beide unter den Käsedip rühren. Für den zweiten Dip frische Pfefferminze waschen, abtropfen lassen und fein hacken. Für getrocknete Minze den Apfelsaft erhitzen und die Minze darin ziehen lassen. Die Äpfel waschen, abtrocknen, vierteln und vom Kerngehäuse befreien. Die Apfelviertel sehr fein reiben und mit der frischen Minze, dem Ingwer und Zitronensaft verrühren. Getrocknete Minze durch ein Haarsieb gießen, den Apfelsaft auffangen und auf die geriebenen Äpfel gießen. Die Sahne halb steifschlagen und unter die Apfelsauce ziehen. Für den dritten Dip den Kefir mit dem Kräutersalz und dem Paprikapulver verrühren. Die Knoblauchzehen schälen, in winzige Würfel schneiden und unter den Kefir rühren. Den Chicorée waschen, vom Strunkende eine Scheibe abschneiden und die Stauden in Blätter zerlegen. Die Möhren unter fließendem Wasser gründlich bürsten, die Blattansätze und Wurzelenden abschneiden und die Möhren ungeschält längs in dünne Scheiben schneiden. Den Bleichsellerie waschen, abtropfen lassen und in einzelne Stangen zerlegen. Von den äußeren Stangen gegebenenfalls harte Blattrippen abschneiden. Zarte Sellerieblättchen an den Stangenenden belassen, gröbere Blätter abschneiden. Die Stangen je nach Länge ein- bis zweimal durchschneiden; sie sollen so lang sein wie die Möhren. Den Rettich gründlich unter fließendem Wasser bürsten, den Blattansatz und das Wurzelende abschneiden und den Rettich zuerst in Scheiben und diese dann in nicht zu dünne lange Stifte schneiden. Das Gemüse aufrecht nebeneinander in einer Schüssel mit hohem Rand oder in einem Krug anordnen. Oder jeweils eine Gemüsesorte in einem Gefäß anrichten. Die Dips dazureichen. Jeder nimmt sich von dem gewünschten Dip etwas auf seinen Teller oder in ein Schüsselchen und tunkt die Gemüsestücke hinein.

Mit Blattsalat durchs Jahr

Wenn im Frühling die Maifröste und die Eisheiligen endgültig vorüber sind, wird der erste Kopfsalat aus dem Frühbeet geerntet. Im Unterschied zum Treibhaussalat des Winters bildet der Frühlingskopfsalat feste, knackige Köpfe und seine Blätter sind bereits saftig und prall. Jetzt möchte man am liebsten täglich Kopfsalat essen. Die Auswahl an frischen Gartenkräutern als belebende Zutat ist zwar noch gering, doch sprießen auf dem Kräuterbeet bereits winterharte Kräuter wie Schnittlauch, Petersilie und Zitronenmelisse, und draußen in der Natur finden sich zarte Brennesselspitzen, Löwenzahn, Schafgarbe und Sauerampfer.

Kopfsalat mit Kräuter-Vinaigrette

Für die Sauce: ¼ Teel. Meersalz · 1 Teel. Ahornsirup · 1 Prise frisch gemahlener weißer Pfeffer · 3 Eßl. sehr guter Weinessig · 6 Eßl. Sonnenblumen- oder Olivenöl
1 großer Kopfsalat · reichlich frische Kräuter (Petersilie, Schnittlauch, Zitronenmelisse, auch Wildkräuter wie Brennesselspitzen, Brunnenkresse, zarte Löwenzahnblätter, Sauerampferblätter)

Pro Portion: etwa 190 Joule/45 Kalorien
Zubereitungszeit: 15 Minuten

Für die Sauce in einer kleinen Schüssel das Salz mit dem Ahornsirup, Pfeffer und Essig am besten mit dem Schneebesen verrühren, bis sich das Salz ganz aufgelöst hat. Das Öl zugießen und rühren, bis die Sauce dicklich-cremig ist. Von dem Salatkopf das Stielende abschneiden, welke oder schlechte Blätter entfernen und den Salat in einzelne Blätter zerlegen; in viel handwarmem Wasser gründlich waschen. Das Wasser dabei mindestens zweimal wechseln; oder die Salatblätter einzeln unter fließendem Wasser waschen. Die Salatblätter abtropfen lassen und in einem sauberen Geschirrtuch oder in der Salatschleuder trockenschleudern. Die Kräuter waschen, fein hacken oder wiegen und in der Salatschüssel mit den Salatblättern mischen. Die Vinaigrette darübergießen und locker unterheben. Den Salat gleich servieren.

Tip: Die dunkelgrünen äußeren Salatblätter enthalten mehr Wertstoffe als das gelbe Salatherz, deshalb nur wirklich ungenießbare Blätter entfernen. Die etwas derberen Außenblätter immer mitessen.

Variante: Kopfsalat mit Radieschen
Die gleiche Salatsauce zubereiten. Den Kopfsalat wie beschrieben vorbereiten und die Blätter kleinerzupfen. 1 Bund Radieschen mit Blättern waschen. Die Blätter trockenschleudern und aufbewahren. Die Radieschen in Scheiben schneiden und mit den Salatblättern mischen. An Kräutern nur reichlich Schnittlauch und die Radieschenblätter kleinschneiden und mit dem Salat mischen. Die Salatsauce darübergießen und behutsam unterheben.

Kopfsalat mit Wildkräutern

Kann man heute überhaupt noch Wildkräuter sammeln, bei deren Verzehr aufgrund von Schadstoffen in Luft und Boden man nicht für seine Gesundheit fürchten muß? Man kann! Allerdings nicht an Acker-, Wiesen- oder gar an Straßenrändern. Was dort überhaupt noch gedeiht, ist meist in hohem Maße mit Chemikalien aus Düngemitteln oder mit Rückständen von Autoabgasen verseucht. Geeignete Sammelstellen sind hingegen sonnige Waldränder und Bachufer fern von Straßen, alte Kiesgruben und Ränder von Trockenwiesen, die nicht intensiv landwirtschaftlich genutzt werden. Wildkräuter haben die größte Heilwirkung vor ihrer Blütezeit. Dann schmecken sie auch am besten, würzig und nicht zu bitter. Die günstigste Zeit zum Kräutersammeln ist der Vormittag, wenn der Tau getrocknet ist. Pflücken darf man nur eßbare Kräuter, die man mit Sicherheit bestimmen kann. Ein Salat nur aus Wildkräutern schmeckt vielen zu streng, zu bitter. Deshalb mischt man die Kräuter mit einem Blattsalat oder anderem Gemüse.

Für die Sauce: ¼ Teel. Meersalz · 1 Teel. Apfel- oder Birnendicksaft · 1 Eigelb · 2 Eßl. Apfelessig · je 1 Messerspitze gemahlener Piment und gemahlene Senfkörner · 2 Eßl. Haselnuß- oder Mandelmus · 6 Eßl. Öl
1 kleiner Kopfsalat oder ein anderer Blattsalat · etwa 200 g Wildkräuter (Brennesselspitzen, kleine Löwenzahnblätter, Melde, Sauerampfer, Schafgarbe, Spitzwegerich, Vogelmiere) · ½ Bund Petersilie · 2 Scheiben Weizenvollkornbrot · 2 Teel. Butter

Pro Portion: etwa 360 Joule/85 Kalorien
Zubereitungszeit: 20 Minuten

Das Salz mit dem Dicksaft, Eigelb, Essig, Piment und den gemahlenen Senfkörnern verrühren, bis sich das Salz völlig aufgelöst hat. Das Nußmus und zuletzt das Öl unterrühren. Solange mit dem Schneebesen rühren, bis sich alle Zutaten gut miteinander verbunden haben.
Vom Salat das Strunkende kürzen, den Kopf in einzelne Blätter zerlegen, in viel Wasser gründlich waschen, abtropfen lassen und trockenschleudern. Die Wildkräuter waschen, abtropfen lassen, trockenschleudern und nicht zu fein hakken. Die Petersilie waschen und sehr fein hakken. Den Salat mit den Kräutern mischen. Die Sauce darübergießen und den Salat behutsam durchheben. Das Brot würfeln, rasch in der Butter goldbraun braten und auf den angerichteten Salat streuen.

Tip: Bei Nußmus setzt sich oft Öl ab. Das Mus deshalb vor Gebrauch gründlich durchrühren. Den Wildkräutersalat mit gewaschenen Gänseblümchenblüten, Veilchen- und/oder Löwenzahnblüten bestreuen. Diese hübsche Garnierung kann man mitessen.

Kopfsalat mit Käsedressing

Für die Sauce: 100 g Blauschimmelkäse · ¼ Teel. Schabziger-Kleepulver · 1 Teel. mildes Paprikapulver · 1 Messerspitze Meersalz · 2 Eßl. Apfelessig · 4 Eßl. Öl · 1 Eßl. gehackte Walnüsse · 1 Bund Petersilie
1 großer Salatkopf

Pro Portion: etwa 965 Joule/230 Kalorien
Zubereitungszeit: 20 Minuten

Den Käse in einer Schüssel mit der Gabel zerdrücken. Den Schabziger Klee, das Paprikapulver und das Salz darüberstreuen. Den Essig zufügen und alles mit dem Schneebesen verrühren. Nach und nach das Öl zugießen und weiterschlagen, bis die Sauce glatt und cremig ist. Die gehackten Nüsse unterrühren. Die Petersilie waschen, trockenschleudern und fein hakken. Von dem Salatkopf das Stielende kürzen, welke und schlechte Blätter entfernen und den Salat im ganzen in viel handwarmem Wasser schwenken, ausschütteln und trockenschleudern. Den Kopf vierteln. Die Salatviertel mit der Rundung nach oben auf den Salatteller legen und mit dem Käsedressing übergießen.

Kopfsalat mit Kresse

Für die Sauce: ½ Teel. Salz · 1 Teel. Honig · 1 Eßl. Zitronensaft · 1 Messerspitze gemahlener Piment · ⅛ l saure Sahne · 1 Eßl. Öl
1 großer Kopfsalat · 50 g Gartenkresse

Pro Portion: etwa 335 Joule/80 Kalorien
Zubereitungszeit: 15 Minuten

Das Salz mit dem Honig, Zitronensaft und Piment verrühren, bis sich das Salz völlig aufgelöst hat. Die saure Sahne und das Öl hinzufügen und die Sauce mit dem Schneebesen leicht schaumig rühren. Vom Salatkopf das Stielende abschneiden, welke und schlechte Blätter entfernen. Den Kopf in einzelne Blätter zerlegen, diese gründlich waschen, abtropfen lassen, trockenschleudern und dann etwas kleinerzupfen. Die Kresse in einem Sieb unter fließendem Wasser gründlich waschen, abtropfen lassen, trockenschleudern und mit dem Kopfsalat mischen. Die Salatsauce darübergießen und behutsam unterheben.

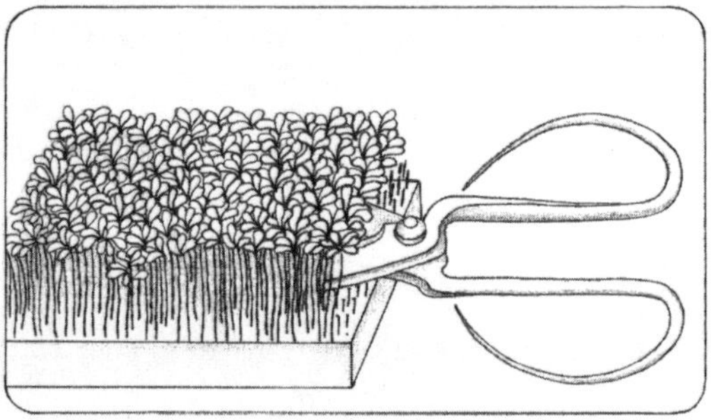

Kresse wird gewaschen und direkt vom »Beet« in die Sauce oder über den Salat geschnitten.

Schnittsalat mit Fenchel und Kerbelsahne

Ende Mai wird auch der erste Schnittsalat oder Pflücksalat geerntet. Dieser Blattsalat ist eng verwandt mit dem Kopfsalat, er bildet jedoch keine Köpfe, sondern lockere Blattstauden. Die Blätter sind ein wenig fester als Kopfsalatblätter. Schnittsalat schmeckt wie Kopfsalat und kann wie dieser zubereitet werden.

Für die Sauce: ¼ Teel. Meersalz · 1 Teel. Honig · 1 Prise gemahlener Anis · 1 Eßl. Zitronensaft · ⅛ l süße Sahne · etwa 100 g frisches Kerbelkraut
1 Schnittsalatstaude · 1 Fenchelknolle

Pro Portion: etwa 420 Joule/100 Kalorien
Zubereitungszeit: 20 Minuten

Das Salz mit dem Honig, Anis und Zitronensaft verrühren, bis sich das Salz völlig aufgelöst hat. Die Sahne halbsteif schlagen und mit der Zitronensauce mischen. Den Kerbel waschen, abtropfen lassen, trockenschleudern, fein wiegen und locker unter die dicke Sahnesauce heben. Vom Salat den Strunk abschneiden. Die Stauden in einzelne Blätter zerlegen, gründlich waschen, trockenschleudern und in 3–5 cm lange Stücke schneiden. Die Fenchelknolle waschen, die Stielenden abschneiden und den Fenchel längs in dünne Scheiben schneiden. Das Fenchelgrün fein wiegen und mit dem Fenchel und dem Schnittsalat in der Salatschüssel mischen. Die Kerbelsauce darübergießen.

Bunter Eissalat

Bild Umschlag-Rückseite

Ab Ende Juli gibt es den herrlich knackigen Eissalat – auch als Eisbergsalat bekannt – aus Freilandanbau. Die festen geschlossenen Köpfe werden so groß wie Rotkohlköpfe, für eine Mahlzeit ist ein ganzer Kopf oft zu viel. Man kann die Blätter portionsweise vom Strunk lösen und den übrigen Salatkopf in ein feuchtes Tuch gehüllt 1–2 Tage im Gemüsefach des Kühlschranks aufbewahren. Dieser Salat kann auch wie Kopfsalat zubereitet werden. Für das folgende Rezept wird jedoch ein ganzer Kopf benötigt.

Für die Sauce: 1 Eigelb · ¼ Teel. Meersalz · ½ Teel. Ahornsirup · 1 Messerspitze Senfpulver · 3 Teel. Zitronensaft · 6 Eßl. Sonnenblumenöl · 1 Teel. mildes Paprikapulver · ⅛ l Sahne · 1 Zweig frischer Estragon oder 2 Zweige frisches Basilikum, ersatzweise ½ Bund Petersilie
1 mittelgroßer Eissalat · 1 Bund Radieschen · 2 kleine Zucchini (zusammen etwa 150 g) · 200 g feste Tomaten · 2 hartgekochte Eier

Pro Portion: etwa 1470 Joule/350 Kalorien
Zubereitungszeit: 20 Minuten

Aus dem Eigelb, Salz, Senfpulver, Ahornsirup, Zitronensaft und Öl eine Mayonnaise bereiten. Das Paprikapulver unterrühren. Die Sahne steif schlagen. Die Kräuter waschen, trockenschleudern, sehr fein wiegen und zusammen mit der Schlagsahne unter die Mayonnaise ziehen. Die Salatsauce kühl stellen. Vom Eissalatkopf das Strunkende kürzen und welke Blätter entfernen. Den Salat im ganzen waschen und mit dem Strunkende nach oben abtropfen lassen. Die Radieschen waschen und zu Röschen (siehe Abbildung) oder in Scheiben schneiden. Die Zucchini waschen, trockentupfen und in Scheiben schneiden. Die Stielansätze dabei entfernen. Die Tomaten waschen, trockentupfen und achteln. Die Eier schälen und ebenfalls in Scheiben schneiden. Den Eissalat in Viertel oder Achtel zerteilen und sternförmig auf einer großen runden Platte anrichten. Das übrige Gemüse und die Eischeiben abwechselnd in den Zwischenräumen auf der Salatplatte anordnen und alles mit der Sahnemayonnaise überziehen oder die Salatsauce dazu reichen.

Eissalat mit Kapern-Vinaigrette

Für die Sauce: 1 Teel. Kräutersalz · 2 Eßl. Apfelessig · 1 Eßl. Einlegflüssigkeit von den Kapern · 2 frischgemahlene Pimentkörner · 6 Eßl. Öl · 2 Eßl. Kapern · 1 Knoblauchzehe · reichlich frische Kräuter wie Borretsch, Estragon, ein wenig Bohnenkraut, Ysop, ersatzweise ½ Teelöffel getrockneten Estragon, ½ Teelöffel getrocknetes Basilikum, ½ Bund Petersilie
1 mittelgroßer Eissalat

Pro Portion: etwa 590 Joule/140 Kalorien
Zubereitungszeit: 20 Minuten

Das Kräutersalz mit dem Apfelessig, der Einlegflüssigkeit von den Kapern und dem Piment verrühren, bis sich das Salz völlig aufgelöst hat. Das Öl zugießen und mit dem Schneebesen rühren, bis die Sauce cremig ist. Die Kapern grob hakken. Die Knoblauchzehe schälen, fein hacken, mit etwas Kräutersalz bestreuen und mit der Messerklinge zerdrücken. Frische Kräuter waschen, trockenschleudern, fein wiegen (getrocknete zwischen den Fingern zerreiben) und mit den Kapern und dem Knoblauch unter die Salatsauce rühren. Vom Eissalat das Strunkende abschneiden, welke Blätter entfernen und den Salatkopf in einzelne Blätter zerlegen. Den Salat gründlich waschen, trockenschleudern und die Blätter etwas kleiner schneiden. Den Salat in der Salatschüssel mit der Kapern-Vinaigrette übergießen und locker durchheben.

Römischer Salat

Dieser Salat bildet wie Pflücksalat lockere Stauden. Die länglichen Blätter sind an den Rändern, ähnlich wie Endiviensalat gefranst. Wie dieser späte Blattsalat enthält römischer Salat wertvolle Bitterstoffe, die besonders bei Gallenleiden heilkräftig wirken. Aus heimischem Freilandbau gibt es römischen Salat ab August. Durch die Zugabe von Obst wird der bittere Geschmack etwas gemildert. Nußmussauce (siehe Rezept Seite 18) oder eine leichte Mayonnaise haben die gleiche Wirkung.

Römischer Salat mit Mirabellen

Für die Sauce: 1 Messerspitze Meersalz · 1 Teel. Apfeldicksaft · 1 Prise Zimtpulver · 1 Eßl. Apfelessig · 5 Eßl. Öl · je 1 Stengel Zitronenmelisse und Pfefferminze
1 römischer Salat · 250 g Mirabellen

Pro Portion: etwa 670 Joule/160 Kalorien
Zubereitungszeit: 20 Minuten

Für die Salatsauce das Salz mit dem Dicksaft, Zimt und Essig verrühren, bis sich das Salz völlig aufgelöst hat. Das Öl zugießen und rühren, bis die Sauce dicklich wird. Die Kräuter waschen, trockenschleudern, fein hacken und unter die Salatsauce mengen. Den Salat in Blätter zerlegen, waschen, trockenschleudern und kleinschneiden. Die Mirabellen waschen, abtropfen lassen, entsteinen und halbieren und unter den Salat mischen. Die Salatsauce darübergießen und behutsam unterheben.

Löwenzahn

Löwenzahn enthält Taraxin, ein Bitterstoff, der entwässernd wirkt und die innere Sekretion anregt. Er ist als Heilmittel bei Gallen- und Leberbeschwerden bekannt. Außerdem findet er in der Rheumatherapie innerlich und äußerlich Anwendung. Als Salat werden die grünen Blätter im Frühling vor der Blüte der Pflanze verwendet. Einige Löwenzahnwurzeln können geputzt und feingehackt zugefügt werden.

Löwenzahnsalat

Für die Sauce: 1 Knoblauchzehe · 1 Teel. Kräutersalz · 1 Teel. Kräutersenf · 1 Messerspitze gemahlener Piment · 2 Eßl. sehr guter Weinessig · 6 Eßl. Olivenöl
250 g junge Löwenzahnblätter · 50 g Wiesen- oder Gartenkerbel · 2 hartgekochte Eier · 1 Bund Petersilie

Pro Portion: etwa 1050 Joule/250 Kalorien
Zubereitungszeit: 15 Minuten

Die Knoblauchzehe schälen, hacken und zusammen mit dem Kräutersalz mit der Messerklinge zerdrücken. Den Piment und Essig zufügen und rühren, bis sich das Kräutersalz aufgelöst hat. Das Olivenöl zugießen und mit dem Schneebesen rühren, bis die Sauce cremig ist. Die Löwenzahnblätter und den Kerbel in viel Wasser gründlich waschen, abtropfen lassen, trockenschleudern und kleinschneiden. Die Eier schälen und in kleine Würfel schneiden. Die Petersilie waschen, abtropfen lassen, trockenschleudern, fein hakken und mit den Eiwürfeln, dem Löwenzahn und dem Kerbel mischen. Die Sauce darübergießen und unterheben.

Tip: Statt Kerbel junge Brennesselspitzen nehmen. Diese müssen jedoch ganz fein gehackt werden, damit sie nicht mehr brennen.

Endivien

Oftmals bis Ende November kann Endiviensalat auf dem Beet bleiben. Gegen Frost muß er allerdings mit einer Folienabdeckung geschützt werden. Nicht etwa die Stauden mit besonders viel gelben Innenblättern sind die besten. Die chlorophyllreicheren, dunkelgrünen Blätter enthalten mehr Wertstoffe, insbesondere mehr Vitamin C. Sie sind mitunter etwas hart, deshalb schneidet man sie am besten ganz klein. Rapunzel, eine Gemüsepflanze ähnlich dem Portulak, ist ein ausgesprochen feiner Winterblattsalat. Die kleinen, herzförmigen Blätter sind so zart wie junger Spinat. Sie schmecken nußartig und mildwürzig.

Endivien-Rapunzel-Salat

Für die Sauce: ¼ Teel. Meersalz · 1 Teel. Honig · ½ Teel. getrockneter Salbei · 1 Prise gemahlener Rosmarin · 2 Eßl. sehr guter Weinessig · 2 Eßl. Mandelmus · 3 Eßl. Öl
1 kleiner Endiviensalat · 100 g Rapunzel · 2 Bananen · 1 Bund Petersilie

Pro Portion: etwa 780 Joule/185 Kalorien
Zubereitungszeit: 20 Minuten

Für die Sauce das Salz mit dem Honig, Salbei, Rosmarin und Essig verrühren, bis sich das Salz völlig aufgelöst hat. Das Mandelmus und Öl zufügen und rühren, bis die Sauce cremig wird. Für den Salat den Strunk vom Endiviensalat kürzen, die Staude in einzelne Blätter zerlegen, welke entfernen. Den Endiviensalat gründlich waschen, abtropfen lassen und trockenschleudern. Den Rapunzel verlesen, in reichlich Wasser waschen, abtropfen lassen und ebenfalls trockenschleudern. Die Bananen schälen und in Scheiben schneiden. Den Endiviensalat in dünne Streifen schneiden und mit dem Rapunzel und den Bananen mischen. Die Petersilie waschen, trockenschleudern, fein hacken und über den Salat streuen. Die Sauce darübergießen und den Salat vorsichtig mischen.

Endivien mit Apfel-Meerrettichsahne

Für die Sauce: 2 säuerliche Äpfel · 2 Teel. Zitronensaft · 75 g frische Meerrettichwurzel · ⅛ l süße Sahne
1 Endiviensalat · 2 Eßl. Haselnüsse · wenn möglich frische Gartenkräuter (Pimpinelle, etwas Liebstöckel, Zitronenmelisse) oder 1 Bund Petersilie

Pro Portion: etwa 925 Joule/220 Kalorien
Zubereitungszeit: 20 Minuten

Für die Sauce die Äpfel waschen, abtrocknen, mit der Schale und dem Kerngehäuse reiben und mit dem Zitronensaft beträufeln. Die Meerrettichwurzel waschen, schaben und sehr fein auf die Äpfel reiben. Die Sahne steif schlagen und unter die Äpfel und den Meerrettich ziehen. Vom Endiviensalat das Strunkende abschneiden und welke Blätter entfernen. Die Staude in Blätter zerlegen, waschen, abtropfen lassen und trockenschleudern. Die Blätter in dünne Streifen schneiden. Die Haselnüsse in einer Pfanne ohne Fettzugabe unter Wenden rösten, bis sie duften. Die Nüsse hacken. Die Kräuter waschen, trokkenschleudern und fein hacken. Die gehackten Nüsse und die Kräuter unter den Endiviensalat mischen, mit der Apfel-Meerrettichsahne überziehen oder diese dazu reichen.

Variante: Endivien mit Orangen
Den Endiviensalat kleinschneiden und auf Portionsteller verteilen. Auf jeden Teller einige Orangenspalten arrangieren. Den Salat mit einer Sauce aus 1 Messerspitze Salz, 2 Teelöffeln Apfeldicksaft, 1 Prise geriebener Ingwerwurzel und ⅛ l steif geschlagener Sahne überziehen und mit jeweils ½ Teelöffel unbehandelter, abgeriebener Orangenschale bestreuen.

Endivien-Grapefruit-Cocktail

Rohkostfanatiker mögen die Stirn runzeln: Preiselbeerkompott, Johannisbeergelee! Sind doch erhitzt und enthalten womöglich noch Zucker! Gestatten wir uns in der vollwertigen Rohkostküche gelegentlich solch einen »Fauxpas«. Das »Verbotene« ist doch manchmal erst die rechte Würze des Lebens wie hier des Salates und in kleinen Mengen absolut unbedenklich. Ein Tip zur Wahl der Grapefruit: Es gibt eine Sorte, die blaß-rosa Fleisch hat, das weniger herb, sogar leicht süß schmeckt. Man erkennt sie an der ganz zart rosagetönten äußeren Schale.

Für die Sauce: 1 Teel. getrocknete Pfefferminze · 5 Eßl. naturreiner Apfelsaft · 2 Eßl. dickes Preiselbeerkompott oder Johannisbeergelee · 1 Messerspitze Meersalz · 1 Prise gemahlener Kardamom · ⅛ l süße Sahne 2 Grapefruits · 1 kleine Staude Endiviensalat

Pro Portion: etwa 695 Joule/165 Kalorien
Zubereitungszeit: 30 Minuten

Für die Sauce die getrocknete Pfefferminze zwischen den Fingern zerreiben. 2 Eßlöffel Apfelsaft in einem kleinen Topf erhitzen und die Pfefferminze 10 Minuten darin ziehen lassen. Die Flüssigkeit durch ein feines Sieb gießen und mit dem übrigen Apfelsaft, 1 Eßlöffel Preiselbeerkompott oder Johannisbeergelee, dem Salz und Kardamom verrühren. Die Sahne steif schlagen. Den Endiviensalat in Blätter zerlegen, waschen, trokkenschleudern und in dünne, kurze Streifen schneiden. Die Grapefruits halbieren, das Grapefruitfleisch mit den Trennhäutchen zwischen den einzelnen Segmenten herauslösen und in kleine Stücke schneiden. Dabei die Kerne entfernen. Den sich bildenden Saft zu der Cocktailsauce geben. Das Grapefruitfleisch mit dem Endiviensalat mischen. Die steif geschlagene Sahne unter die Sauce ziehen. Die Cocktailsauce auf den Salat gießen und behutsam unterheben. Den Endiviencocktail in die ausgehöhlten Grapefruithälften füllen, jeweils einen Kleks Preiselbeerkompott oder Johannisbeergelee in die Mitte setzen.

Radicchio

Der erste frische Radicchio aus heimischem Anbau kann bereits ab Ende Oktober geerntet werden. Eine winterharte Sorte ist im Februar/März schnittreif. So begleitet dieser attraktive Wintersalat uns von Beginn bis zum Ende der kalten Jahreszeit. Radicchio bildet kleine feste Köpfe.

Die dunkelroten, weißgeäderten Blätter bieten einen appetitanregenden farblichen Kontrast zu grünem Salat, hellem Knollensellerie, Gemüsefenchel und Topinambur. Seine zarte Bitterkeit verträgt sich mit allen Wintergemüsearten, die eine leichte Süße aufweisen, besonders gut. Die lange Wurzel dieses Salates ist allerdings sehr bitter. Man kann sie aber fein gehackt als würzende Zutat an den Salat geben.

Radicchio mit Walnüssen

Für die Sauce: ¼ Teel. Meersalz · 1 Prise gemahlener Fenchel · 1 Messerspitze gemahlener Piment · 2 Eßl. sehr guter Weinessig · 5 Eßl. Öl · 1 kleines Stück Radicchiowurzel
3–4 Radicchioköpfe · 50 g Walnußkerne · 2 Bund Dill

Pro Portion: etwa 925 Joule/220 Kalorien
Zubereitungszeit: 15 Minuten

Für die Sauce das Salz, den Fenchel und Piment mit dem Essig verrühren, bis sich das Salz völlig aufgelöst hat. Das Öl zugießen und rühren, bis die Sauce dicklich wird. Die Radicchiowurzel waschen, in winzige Würfel schneiden und zu der Sauce geben. Von den Radicchioköpfen die Strünke abschneiden, welke Blätter entfernen und die Köpfe in einzelne Blätter zerlegen. Den Salat gründlich waschen und trockenschleudern. Die großen Außenblätter kleinerzupfen. Die Walnußkerne grob hacken. Den Dill waschen, trockenschleudern, kleinschneiden und mit dem Radicchio und den Nüssen mischen. Die Sauce darübergießen und unterheben.

Tip: 50–100 g gewürfelten jungen Emmentalerkäse oder Bergkäse beimischen.

Radicchio mit Sellerie

Für die Sauce: ½ Teel. Kräutersalz · 1 Messerspitze gemahlener Koriander · 1 Teel. getrocknetes Liebstöckel · 1 Teel. Honig · 1 Eßl. Zitronensaft · 2 Eßl. Öl · 5 Eßl. saure Sahne
2 Köpfe Radicchiosalat · 1 Sellerieknolle · 1 Bund Petersilie

Pro Portion: etwa 525 Joule/125 Kalorien
Zubereitungszeit: 20 Minuten

Für die Sauce das Kräutersalz mit dem Koriander, Liebstöckel, Honig und Zitronensaft verrühren. Das Öl und die saure Sahne zugießen und rühren, bis sich alle Zutaten gut miteinander verbunden haben. Vom Radicchio die Strunkenden abschneiden, den Salat in Blätter zerlegen, waschen und trockenschleudern. Große Blätter kleinerzupfen. Den Sellerie unter fließendem Wasser gründlich bürsten, nicht verwertbare Teile abschneiden. Den Sellerie in dünne Scheiben und diese in etwa 3 cm lange dünne Stifte schneiden. Die Petersilie waschen, trockenschleudern, fein hacken und mit dem Radicchio und Sellerie mischen. Die Sauce darübergießen und behutsam unterheben.

Radicchio bunt gemischt

Für die Sauce: ¼ Teel. Meersalz · 1 Messerspitze gemahlener Anis · 1 Prise weißer Pfeffer · ½ Teel. getrockneter Salbei · 2 Eßl. Zitronensaft · 1 weiche Avocado · 5 Eßl. Olivenöl
1–2 Radicchioköpfe · 1 Grapefruit · 100 g Topinambur · 200 g Knollenfenchel · 1 Karton Gartenkresse oder Brunnenkresse

Pro Portion: etwa 1090 Joule/260 Kalorien
Zubereitungszeit: 30 Minuten

Für die Sauce das Salz mit dem Anis, Pfeffer, zerriebenen Salbei und Zitronensaft verrühren, bis sich das Salz völlig aufgelöst hat. Die Avocado halbieren und den Stein herausnehmen. Das Avocadofleisch aus den Schalen lösen, grob hacken, mit der Gabel fein zerdrücken und mit dem Olivenöl unter die Sauce rühren, bis sich alle Zutaten gut miteinander verbunden haben. Vom Radicchio die Strunkenden abschneiden. Den Salat in Blätter zerlegen, waschen und trokkenschleudern. Große Blätter kleinerzupfen. Die Grapefruit halbieren, das Grapefruitfleisch herauslösen, kleinschneiden und dabei die Kerne entfernen. Den sich bildenden Saft zu der Sauce geben. Die Topinamburknollen unter fließendem Wasser sehr gründlich bürsten, gegebenenfalls die Knollen ein- oder zweimal durchschneiden, damit die anhaftende Erde in den Wurzelverzweigungen entfernt werden kann. Den Topinambur ungeschält dünn hobeln. Vom Fenchel die Stiele und das Wurzelende abschneiden. Zartes Blattgrün abschneiden und mit dem Fenchel waschen. Die harten Rippen der äußeren Blätter abziehen. Den Fenchel halbieren und in dünne Scheiben schneiden. Das Fenchelgrün hacken. Die Kresse vom Beet schneiden, waschen, abtropfen lassen – Brunnenkresse waschen, abtropfen lassen – und kleinschneiden. Alle Zutaten mischen, mit der Sauce übergießen und behutsam durchheben.

Bauern-Rapunzel

Rapunzel, Acker-, Feld- oder Nüsselsalat, das sind Bezeichnungen für ein und dieselbe Pflanze. Dieser vitamin- und mineralstoffreiche Wintersalat wuchs früher wild als »Unkraut« auf Feldern und wurde dort gesammelt. Seitdem unsere Äcker unkrautfrei gespritzt werden, gibt es dort auch keinen Ackersalat mehr. Dafür wird er feldmäßig im Freien angebaut und ist in der kältesten Zeit, auch in Folienhäusern gezogen, den ganzen Winter über zu haben. Besonders würzig schmeckt Rapunzel aus biologischem Anbau. Er läßt sich mit vielen Wintergemüsen kombinieren. Besonders gut paßt er zu Radicchio, Fenchel, Chicorée und Möhren.

Für die Sauce: ¼ Teel. Meersalz · 1 Prise gemahlener weißer Pfeffer · 2 Eßl. sehr guter Weinessig · 5 Eßl. Öl · 2 frische Zwiebeln mit Zwiebelgrün oder 3–4 Schalotten.
300 g Rapunzel · 1 Sträußchen Kerbel · 1 Bund Petersilie

Pro Portion: etwa 525 Joule/125 Kalorien
Zubereitungszeit: 15 Minuten

Für die Sauce das Salz mit dem Pfeffer und Essig verrühren, bis sich das Salz völlig aufgelöst hat. Das Öl zugießen und rühren, bis die Sauce dicklich wird. Die Zwiebeln waschen, abtropfen lassen – Schalotten schälen – in ganz kleine Würfel, das Grün in Ringe schneiden und in der Salatsauce ziehen lassen. Den Rapunzel verlesen und gründlich in reichlich kaltem Wasser waschen, dabei das Wasser mehrmals wechseln und trokkenschleudern. Sind die Rosetten klein, nur die Wurzelspitzen abzwicken, größere Pflanzen ein- oder zweimal teilen. Den Kerbel und die Petersilie waschen, trockenschleudern, fein hacken und mit dem Rapunzel mischen. Die Sauce darübergießen und unterheben. Rapunzel stets sofort servieren, er fällt rasch zusammen.

Tip: Wenn im Garten auf dem Kräuterbeet noch Pfefferminze wächst, geben Sie einige frischgehackte Blättchen mit an den Rapunzel.

Variante: Rapunzel mit Radicchio
Aus ½ Teelöffel Kräutersalz, 1 Messerspitze Macispulver, 1 Messerspitze geriebener Ingwer-

Die Kürbisrohkost wird mit Rosinen »angereichert« und gewürzt mit Ingwer und Anis. Rezept Seite 36.

wurzel, 2 Teelöffeln Ahornsirup, 2 Eßlöffeln Zitronensaft und 5 Eßlöffeln Öl eine Sauce anrühren. Den Rapunzel verlesen, den Radicchio in Blätter zerlegen, beide waschen und trockenschleudern. Eine Zwiebel schälen und in dünne Ringe schneiden, mit dem Rapunzel und mit dem Radicchio mischen und mit der Sauce übergießen. 2 Scheiben Weizenvollkornbrot würfeln, in 2 Teelöffeln Olivenöl kroß braten und darunterheben.

Variante: Rapunzel mit Mandarinen
Aus 1 Messerspitze Meersalz, 1 Teelöffel Honig, 1 Eßlöffel Zitronensaft, 2 Eßlöffeln Orangensaft eine Sauce anrühren. ⅛ l halbsteifgeschlagene Sahne unterziehen. 250 g Rapunzel wie beschrieben vorbereiten. 250 g Mandarinen oder Clementinen schälen, auch von der weißen Unterhaut befreien. Die Früchte in Segmente zerteilen, jede Spalte einmal durchschneiden, dabei die Kerne entfernen und mit dem Rapunzel mischen. Den Salat auf Portionstellern verteilen, jede Portion mit Sahnesauce überziehen. Nach Belieben 1 Teelöffel dickes Preiselbeerkompott in die Mitte geben, und/oder mit 2 Teelöffeln goldgelb gerösteten Kokosraspeln bestreuen.

Chicorée

Chicorée kommt in großen Mengen aus Belgien, Nordfrankreich und Holland. Er muß im Dunkeln sprießen, in Erde eingeschlagen oder unter schwarzer Folie, damit er so zart und wenig bitter bleibt, wie wir ihn schätzen. Chicorée gibt es aus Freilandanbau von Mitte Oktober bis Ende März. Der Bitterstoff, das Taraxin, entwickelt sich unter Lichteinwirkung. Deshalb Chicoréestauden bis zu ihrer Verwendung stets dunkel aufbewahren. Das untere Ende der Staude enthält die meisten Bitterstoffe. Doch sollte man nicht, wie oft geraten wird, aus dem Strunk deshalb einen Keil herausschneiden oder den Chicorée gar in Wasser einweichen. Die Bitterstoffe haben eine anregende Wirkung auf Galle, Leber und Magen.

Herbstlicher Chicoréesalat

Für die Sauce: 1 Messerspitze Meersalz · 1 kleine Prise Nelkenpulver · 1 Prise Macispulver · 1 Eßl. Birnendicksaft · 2 Eßl. Zitronensaft · 3 Eßl. naturreiner Obstsaft · 2 Eßl. Sonnenblumenöl
350 g Chicorée (2–3 Stauden) · 1 Avocado · 1 reife Birne · 1 Apfel · 150 g blaue Weintrauben · 75 g frische Walnußkerne (etwa 250 g Walnüsse)

Pro Portion: etwa 1405 Joule/335 Kalorien
Zubereitungszeit: 40 Minuten

Für die Sauce das Salz mit Nelkenpulver, Macispulver, Dicksaft, Zitronensaft und Obstsaft verrühren, bis sich das Salz völlig aufgelöst hat. Das Öl zugießen und rühren, bis sich alle Zutaten gut miteinander verbunden haben. Die Chicoréestauden waschen, welke Blätter entfernen und vom Strunkende eine Scheibe abschneiden. Die Stauden in etwa ½ cm dicke Scheiben schneiden. Die Avocado halbieren, den Stein herausnehmen, die Avocadohälften schälen und in Scheiben schneiden. Die Birne und den Apfel waschen, abtrocknen und in Viertel schneiden. Die Kerngehäuse entfernen und die Birnen- und Apfelviertel ungeschält in dünne Scheiben schneiden. Die Weintrauben gründlich unter fließendem warmem Wasser waschen. Die Beeren von den Stielen zupfen und halbieren. Stammen die Walnußkerne aus der neuen Ernte, die im Oktober beginnt, soweit wie möglich die dünne helle Haut von den Kernen abziehen, sie enthält viel Gerbsäure und schmeckt bitter. Die Kerne hal-

Feiern Sie so oft wie möglich Erntefest mit Rohkostplatten – beispielsweise mit dieser »Sommerende«-Platte. Rezept Seite 55.

bieren, einige im ganzen lassen und aufbewahren. Den Chicorée mit den Früchten und den Nüssen mischen. Die Sauce darübergießen, den Salat mit den Nußkernhälften garnieren.

Chicorée mit roten Beten

Bild Umschlag-Vorderseite

Für die erste Sauce: 1 Messerspitze Meersalz · 1 Prise gemahlener schwarzer Pfeffer · 1 Messerspitze getrockneter Thymian · 1 Prise gemahlener Rosmarin · 1 Eßl. Apfelessig · 3 Eßl. Öl
Für die zweite Sauce: ¼ Teel. Selleriesalz · 1 Messerspitze frisch geriebene Ingwerwurzel · 1 Prise gemahlener Fenchel · 1 Messerspitze gemahlener Kümmel · 1 Eßl. Zitronensaft · 3 Eßl. süße Sahne · 2 Eßl. Öl
3 Chicoréestauden · 250 g rote Bete · 2 säuerliche Äpfel · 1 Bund Dill

Pro Portion: etwa 890 Joule/210 Kalorien
Zubereitungszeit: 30 Minuten

Für die erste Sauce das Salz mit dem Pfeffer, zerriebenen Thymian, Rosmarin und Apfelessig verrühren, bis sich das Salz völlig aufgelöst hat. Das Öl zugießen und rühren, bis die Sauce dicklich wird. Für die zweite Sauce das Selleriesalz mit dem Fenchel, Kümmel, Zitronensaft und der Sahne verrühren, das Öl zugießen und rühren, bis sich alle Zutaten gut miteinander verbunden haben. Von den Chicoréestaudenenden jeweils eine Scheibe abschneiden. Die Stauden in Blätter zerlegen, dabei welke Blätter entfernen, den Chicorée waschen und gut abtropfen lassen. Eine Salatschüssel mit den aufrechtstehenden Chicoréeblättern auslegen und diese gleichmäßig mit der ersten Sauce beträufeln. Die roten Bete waschen, wenn nötig dünn schälen, die Blatt- und Wurzelansätze abschneiden. Die roten Bete in dünne Scheiben und diese in etwa 3 cm lange feine Streifen schneiden. Die Äpfel waschen, abtrocknen, vierteln, vom Kerngehäuse befreien und die Apfelviertel ungeschält in ebensolche Streifen wie die roten Bete schneiden. Beides mischen, mit der Sahnesauce übergießen, durchheben und in die Mitte vom Chicorée häufen. Den Dill waschen, fein schneiden und darüberstreuen.

Chicorée in Bananencreme

Für die Sauce: 3 sehr reife Bananen · 200 g Doppelrahm-Frischkäse · Saft von ½ Blutorange · ½ Teel. Kräutersalz · 1 kleine Prise Cayennepfeffer · 1 Bund Petersilie · 1 Eßl. Kokosraspeln
4 Chicoréestauden

Pro Portion: etwa 985 Joule/235 Kalorien
Zubereitungszeit: 15 Minuten

Für die Cremesauce die Bananen schälen und mit der Gabel fein zerdrücken. Den Frischkäse, den Orangensaft, das Kräutersalz und einen Hauch Cayennepfeffer zufügen und alles zu einer glatten dicken Sauce verrühren. Die Petersilie waschen, trockenschleudern, fein hacken und zu der Bananencreme geben. Von den Chicoréestaudenenden jeweils eine Scheibe abschneiden. Die Stauden in Blätter zerlegen, welke Blätter dabei entfernen. Den Chicorée waschen und sehr gut abtropfen lassen. Die Chicoréeblätter in 2–3 cm lange Stücke schneiden, in die Salatschüssel füllen und mit der Cremesauce überziehen. Die Kokosraspeln in einer Pfanne ohne Fettzugabe goldgelb rösten und den Chicorée damit bestreuen.

Kohl- und Sauerkraut-Rohkost

Frischen Kohl gibt es bereits im Sommer. Doch einen imponierenden Kopfumfang erreichen erst die späten Sorten, die bis in den Dezember hinein geerntet werden. Diese lassen sich auch kühl, dunkel und auf einem Lattenrost bis weit ins Frühjahr hinein lagern, vor allem Weißkohl. Für Rohkost sind Rotkohl, Weißkohl und Chinakohl bestens geeignet. Wirsing, Grünkohl und Rosenkohl haben roh einen etwas strengen Geschmack, der sich aber mit Sahne, Nußmus und Früchten mildern läßt. Kohl zu kochen, bis er weich ist, wäre ein Jammer, da alle Kohlsorten besonders reich an Vitamin C sind. Kalk, Phosphor, Magnesium, Eisen, Fluor, Vitamin B, sind weitere bekannte Wertstoffe dieses Gemüses. Kohl, besonders der Strunk, schmeckt roh aus der Hand gegessen recht gut; wird er zu Rohkostgerichten verarbeitet, sollte er liebevoll gewürzt werden. Koriander, Kümmel, Fenchel tragen zur besseren Verträglichkeit bei. Gewürze allein aber machen den Kohl noch nicht fett. Mit Öl wird er geschmeidig und bringt sein Aroma erst voll zur Geltung.

Rotkohlsalat

750 g Rotkohl · 1 Zwiebel · je 1 Teel. Kümmelsamen und Fenchelsamen · je 3 Wacholderbeeren und Pimentkörner · 1 Teel. Meersalz · 250 Äpfel
Für die Salatsauce: 1 Messerspitze Meersalz · je 1 Messerspitze gemahlener Pfeffer, gemahlener Anis und Zimtpulver · 1 Eßl. Hagebuttenmark und 1 Eßl. Apfeldicksaft · 2 Eßl. Apfelessig · 6 Eßl. Öl

Pro Portion: etwa 970 Joule/230 Kalorien
Zeit zum Durchziehen: 1 Stunde
Zubereitungszeit: 30 Minuten

Vom Rotkohl welke Blätter entfernen, das Strunkende abschneiden und den Kohl waschen. Den Rotkohl vierteln und mit dem Strunk und den dicken Rippen sehr fein hobeln. Die Zwiebel schälen und fein würfeln. Die Gewürze mit dem Salz im Mörser fein zerstoßen und zusammen mit der Zwiebel sehr gründlich mit den Kohlstreifen mischen. Einen Teller auf den Rotkohl legen, mit einem geeigneten Gegenstand beschweren und den Kohl 1 Stunde Saft ziehen lassen. Inzwischen für die Sauce das Salz mit dem Pfeffer, Anis, Zimt, Apfeldicksaft, Apfelessig und Hagenbuttenmark verrühren. Das Öl zugießen und rühren, bis die Sauce dicklich wird. Kurz vor dem Servieren die Äpfel waschen, vierteln, vom Kerngehäuse befreien, grob raffeln und unter den Kohl mischen. Die Salatsauce darübergießen und den Salat gründlich durchheben.

Rotkohl mit Feigen

750 g Rotkohl · 100 g ungeschwefelte getrocknete Feigen · 1 Sternaniskapsel · 1 Tasse naturreiner Quittensaft · 1 Teel. Kräutersalz · ½ Teel. gemahlener Koriander
Für die Sauce: 1 Messerspitze Meersalz · 1 Messerspitze geriebene Ingwerwurzel · 2 Teel. unbehandelte abgeriebene Orangenschale · Saft von 1 Orange · 2 Eßl. Zitronensaft · 2 Eßl. Öl

Pro Portion: etwa 695 Joule/165 Kalorien
Zeit zum Einweichen für die Feigen: 12 Stunden
Zeit zum Durchziehen: 1 Stunde
Zubereitungszeit: 30 Minuten

Die Feigen mit dem Sternanis im Quittensaft 12 Stunden – am besten über Nacht – einweichen. Vom Rotkohl welke Blätter entfernen, den Kohl waschen, vierteln und sehr fein hobeln. Den Rotkohl mit dem Kräutersalz und Koriander mi-

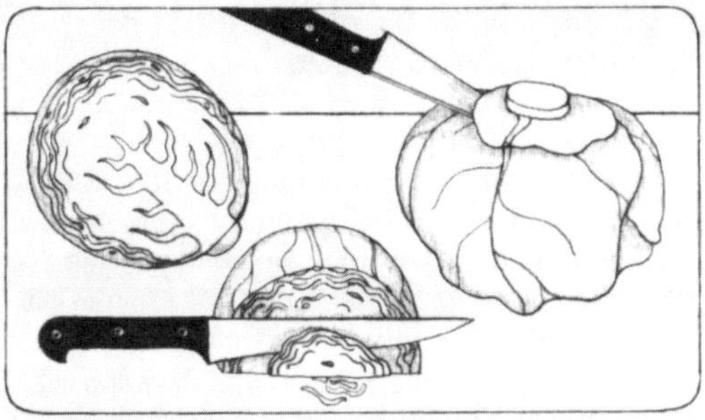

Kohlköpfe werden mit einem großen scharfen Messer halbiert, geviertelt und dann streifig geschnitten. Ältere Exemplare befreit man vor dem Zerschneiden vom Strunk.

schen, mit einem beschwerten Teller bedecken und 1 Stunde Saft ziehen lassen. Inzwischen für die Sauce das Salz mit dem Ingwer, der abgeriebenen Zitronenschale, dem Orangen- und Zitronensaft verrühren. Das Öl zugießen und rühren, bis sich alle Zutaten gut miteinander verbunden haben. Die Feigen abtropfen lassen, den Quittensaft an die Sauce geben, die Sternaniskapsel entfernen und die Feigen kleinschneiden. Den Rotkohl mit den Feigen mischen, mit der Sauce übergießen und gründlich durchheben.

Rotkohl mit Endivien in Meerrettichsauce

Bild Seite 87

Für die Sauce: ½ Teel. Meersalz · 2 Teel. Ahornsirup · je 1 Messerspitze Macispulver und gemahlener Fenchel · 2 Eßl. Zitronensaft · 2 Eßl. frischgeriebener Meerrettich · 6 Eßl. süße Sahne
500 g Rotkohl · 1 kleine Staude Endiviensalat

Pro Portion: etwa 670 Joule/160 Kalorien
Zubereitungszeit: 30 Minuten

Für die Sauce das Salz mit dem Ahornsirup, Macispulver, Fenchel, Zitronensaft und Meerrettich verrühren. Vom Rotkohl das Strunkende und welke Blätter abschneiden, den Kohl waschen, achteln und sehr fein hobeln. Den Endiviensalat in einzelne Blätter zerlegen, waschen, trockenschleudern, in dünne Streifen schneiden und mit den Kohlstreifen mischen. Die Sahne steif schlagen, unter die Sauce ziehen und die Meerrettich-Sauce behutsam unter den Salat haben; gleich servieren.

Weißkohl mit milchsaurem Gemüse

750 g Weißkohl · 1 Teel. Meersalz · 2 Teel. Kümmel · 1 Zwiebel · 150 g milchsauer eingelegte Gurken · 150 g milchsauer eingelegte rote Bete oder ein anderes milchsaueres Gemüse · 1 Bund Petersilie
Für die Sauce: ¼ Teel. Kräutersalz · je 1 Messerspitze gemahlener Kümmel, gemahlener Koriander und gemahlener Piment · 1 Teel. getrockneter Thymian · 3 Eßl. Einlegflüssigkeit der Gurken · 1 Eßl. Apfeldicksaft · 200 g Dickmilch oder Joghurt

Pro Portion: etwa 440 Joule/105 Kalorien
Zeit zum Durchziehen: 1 Stunde
Zubereitungszeit: 30 Minuten

Vom Weißkohl welke Blätter entfernen, das Strunkende abschneiden, den Kohl waschen und vierteln. Die Kohlviertel sehr fein hobeln. Die Kohlstreifen mit dem Salz und Kümmel bestreuen, mischen und mit einem Stampfer einige Minuten fest stampfen, bis die Kohlstreifen glasig werden. Die Zwiebel schälen, klein würfeln und unter den Kohl mischen. Einen Teller auf den Kohl legen, mit einem geeigneten Gegenstand beschweren und den Kohl 1 Stunde lang Saft ziehen lassen. Inzwischen die milchsaueren Gurken und rote Bete abtropfen lassen, die Einlegflüssigkeit der Gurken aufbewahren. Das Gemüse in kleine Würfel schneiden. Die Petersilie waschen und trockenschleudern. Für die Sauce das Kräutersalz mit dem gemahlenen Kümmel, Koriander, Piment, zerriebenen Thymian, der Einlegflüssigkeit und dem Apfeldicksaft gut verrühren. Die Dickmilch oder den Joghurt kurz mit dem Schneebesen schlagen, zur Sauce gießen und alles nochmals mit dem Schneebesen durchschlagen. Die Petersilie sehr fein hacken, mit dem Kohl mischen, die Sauce darübergießen und unterheben.

Variante: Weißkohl mit Tomatenrahm
Den Kohl hobeln und mit etwas Salz und Kümmel vermischt durchziehen lassen. Eine Sauce aus 2 Eßlöffeln Tomatenmark, ⅛ l saurer Sahne, ½ Teelöffel Kräutersalz, 1 Teelöffel mildem Paprikapulver, je ½ Teelöffel getrocknetem, zerriebenem Salbei und getrocknetem Basilikum zubereiten und den Kohl damit anmachen.

Tip: Im Naturkostladen gibt es Tomatenmark aus biologisch angebauten Tomaten, das bei der Herstellung sehr schonend bei einer Temperatur unter 50° eingedickt wird.

Wirsing mit Fenchel und Apfelsauce

Für die Sauce: ¼ Teel. Meersalz · je 1 Prise Nelkenpulver und Zimt · 1 Messerspitze Macispulver · 3 Teel. schwach gesüßtes Schlehenelexier oder 1 Teelöffel Honig · 1 Eßl. Zitronensaft · 2 Äpfel · 5 Eßl. süße Sahne
750 g Wirsingkohl · 1 große Fenchelknolle · 1 Bund Petersilie

Pro Portion: etwa 905 Joule/215 Kalorien
Zubereitungszeit: 20 Minuten

Für die Sauce das Salz mit dem Nelkenpulver, Zimt, Macispulver, Schlehenelexier oder Honig und Zitronensaft verrühren, bis sich das Salz völlig aufgelöst hat. Die Äpfel waschen, vierteln, vom Kerngehäuse befreien und sehr fein in die Sauce reiben. Die Sahne halbsteif schlagen und unter die Sauce ziehen. Vom Wirsing welke Blätter entfernen, das Strunkende kürzen und den Wirsing waschen. Den Kohlkopf achteln und sehr fein hobeln. Den Fenchel waschen. Die Stiele mit dem Grün abschneiden. Das Fenchelgrün aufbewahren. Vom Fenchel die harten Blattrippen der Außenblätter abschneiden und den Fenchel grob raspeln. Den Fenchel mit dem Wirsing mischen. Die Petersilie waschen, trockenschleudern, mit dem Fenchelgrün fein hacken und auf die Wirsing-Fenchel-Mischung streuen. Die Sauce darübergießen und unterheben.

Tip: Schlehenelexier und weitere Wildfruchtelexiere stellt die Weleda her. Vor allem in den Wintermonaten sind diese schonend eingedickten Fruchtkonzentrate sehr empfehlenswert. Im Kühlschrank bleiben sie selbst in angebrochenen Flaschen mehrere Wochen frisch, so daß man verschiedene Sorten zur Abwechslung im Hause haben kann.

Chinakohl

Chinakohl schmeckt mild, fast möchte man sagen etwas langweilig. Er ist jedoch sehr gut verträglich, bläht weder roh noch gegart, enthält wie alle Kohlarten viele Wertstoffe und läßt sich lange aufbewahren, im Gemüsefach des Kühlschranks etwa 2 Wochen. Die Blätter können portionsweise vom Kohl gelöst und verbraucht werden. Das ist praktisch, denn ein Chinakohl kann bis zu 2 kg wiegen. Chinakohl wird bei uns im Oktober und November geerntet. Bis Anfang März bekommt man ihn aus heimischer Ernte frisch zu kaufen.

Vom Chinakohl werden die benötigten Blätter vom Strunk gelöst und feingeschnitten. Chinakohl hält sich im Kühlschrank bis zu 2 Wochen frisch.

Chinakohl mit Sellerie und Sesam

Für die Sauce: ½ Teel. Kräutersalz · je 1 Prise gemahlener schwarzer Pfeffer und gemahlener Piment · 1 Messerspitze gemahlener Fenchel · 2 Eßl. dunkle Sojasauce (Tamari) · 1 Eßl. Schlehenelexier oder Apfeldicksaft · 1 Eßl. Zitronensaft · 5 Eßl. Öl
750 g Chinakohl · 1 Zwiebel · 3 Stangen Bleichsellerie · 2 Eßl. Sesamsamen ·

Pro Portion: etwa 945 Joule/225 Kalorien
Zubereitungszeit: 20 Minuten

Für die Sauce das Kräutersalz, den Pfeffer, Piment und Fenchel mit der Sojasauce, dem Schlehenelexier oder Dicksaft und Zitronensaft verrühren. Das Öl zugießen und rühren, bis sich alle Zutaten gut miteinander verbunden haben.

Vom Chinakohl das Strunkende kürzen, den Kohl waschen, die Blätter ablösen und in nicht zu große Stücke schneiden. Die Zwiebel schälen und in dünne Scheiben schneiden. Den Bleichsellerie waschen, abtropfen lassen, in etwa 2 cm lange Stücke schneiden und mit dem Chinakohl und der Zwiebel mischen. Die Sauce über die Mischung gießen und unterheben. Den Sesamsamen in einer Pfanne ohne Fettzugabe unter Wenden rösten, bis er zu duften beginnt, und den Chinakohl damit bestreuen.

Variante: Chinakohl mit Möhren
Aus ½ Eigelb, 1 Messerspitze gemahlenen Senfkörnern, 1 Eßlöffel Zitronensaft, 6 Eßlöffeln Sonnenblumenöl, 1 Teelöffel Ahornsirup, einem Hauch Cayennepfeffer und ½ Teelöffel Currypulver eine Mayonnaise rühren. 500 g Chinakohl waschen und fein hobeln. 250 g Möhren unter fließendem Wasser bürsten und grob raspeln.
2 Äpfel waschen und ebenfalls grob raspeln.
1 Zwiebel fein hacken und mit dem Kohl und den Äpfeln mischen. 5 Eßlöffel Sahne steif schlagen, unter die Mayonnaise ziehen und die Chinakohl-Möhren-Rohkost damit anmachen.

Sauerkraut

Rohes Sauerkraut bringt, wie jedes milchsauer eingelegte Gemüse, eine aus dem Gleichgewicht geratene Verdauung wieder ins Lot, desinfiziert den Magen und hilft bei Verstopfung. Für Diabetiker ist Sauerkraut besonders wichtig, es aktiviert die Tätigkeit der Bauchspeicheldrüse, enthält jedoch selbst keine Kohlehydrate, so daß zur Verdauung von Sauerkraut kein Insulin benötigt wird. Rohes Sauerkraut wird im allgemeinen gut vertragen, Kinder mögen es meist besonders gern. Nicht die große Menge bringt die beste Wirkung, sondern der regelmäßige Genuß.

Rosa Sauerkraut und Apfelsalat im Rapunzelbeet

Für das Sauerkraut: 300 g rohes Sauerkraut · 1 kleine rote Bete · 1 Grapefruit · 1 Eßl. Zitronensaft · 3 Eßl. saure Sahne · 1 Eßl. Haselnüsse
Für den Apfelsalat: 3 Stangen Bleichsellerie · 2 säuerliche Äpfel · 1 Eßl. Zitronensaft · 50 g junger Emmentaler oder Bergkäse · 2 Eßl. Orangensaft · 3 Eßl. Öl
Für den Rapunzelsalat: 200 g Rapunzel · ½ Knoblauchzehe · 1 Messerspitze Meersalz · 1 Eßl. sehr guter Weinessig · 3 Eßl. Öl

Pro Portion: etwa 1345 Joule/320 Kalorien
Zubereitungszeit: 50 Minuten

Das Sauerkraut auflockern und kleinschneiden. Die rote Bete unter fließendem Wasser gründlich bürsten, den Blattansatz und das Wurzelende abschneiden und die rote Bete sehr fein auf das Sauerkraut reiben. Die Grapefruit halbieren, das Grapefruitfleisch herauslösen, kleinschneiden und mit dem Sauerkraut und der roten Bete mischen. Den Zitronensaft mit der sauren Sahne verrühren und das Sauerkraut damit anmachen. Die Haselnüsse hacken und darunter mischen. Die Selleriestangen waschen, das Selleriegrün abschneiden, fein hacken und die Stangen quer in dünne Streifen schneiden. Die Äpfel waschen, abtrocknen, vierteln, die Kerngehäuse entfernen, die Apfelviertel grob raspeln und mit dem Zitronensaft beträufeln. Den Käse würfeln, mit dem Sellerie und den Äpfeln mischen. Den Orangensaft mit dem Öl verrühren, über den Salat gießen und unterheben. Den Rapunzelsalat verlesen, gründlich in reichlich Wasser waschen, abtropfen lassen und trockenschleudern. Die Knoblauchzehe hacken, mit dem Salz zerdrükken und dem Essig und Öl verrühren. Den Rapunzelsalat mit dieser Sauce anmachen und den Salat auf einer Platte dekorativ ausbreiten. Das Sauerkraut und den Apfelsalat darauf anrichten.

Sauerkraut mit gemischtem Obst und Walnüssen

350 g rohes Sauerkraut · 2 Eßl. ungeschwefelte Korinthen · ½ Tasse naturreiner Traubensaft · 2 Äpfel · 2 Birnen · 3 Mandarinen · 50 g Walnußkerne
Für die Sauce: 1 Eßl. ungesüßtes Sanddornelexier · 1 Teel. Honig · 150 g saure Sahne

Pro Portion: etwa 1640 Joule/390 Kalorien
Zubereitungszeit: 20 Minuten

Die Korinthen waschen, abtropfen lassen und in dem Traubensaft quellen lassen. Das Sauerkraut auflockern und kleinschneiden. Die Äpfel und die Birnen waschen, abtrocknen, vierteln, die Kerngehäuse entfernen und das Obst grob auf das Sauerkraut raspeln. Die Mandarinen schälen, sorgfältig die weiße Haut entfernen. Die Mandarinen in Spalten zerlegen und entkernen. Die Walnüsse grob hacken, mit den Mandarinen zum Sauerkraut geben. Die Korinthen mit dem Traubensaft unterarbeiten. Aus dem Sanddorn, Honig und der sauren Sahne mit dem Schneebesen die Sauce anrühren, über das Sauerkraut gießen und alles gründlich mischen.

Variante: Sauerkraut mit Ananas und Pinienkernen
300 g rohes Sauerkraut kleinschneiden, mit dem gewürfelten Fleisch und Saft von 1 kleinen, reifen Ananas und 2 Eßlöffeln gehackten, ungesalzenen Pistazien- oder Pinienkernen mischen. 2 Eßlöffel Schlehen- oder Preiselbeerelexier mit

1 Eßlöffel Zitronensaft und 5 Eßlöffeln Sahne mit dem Schneebesen schaumig schlagen, über das Sauerkraut gießen und unterheben.

Sauerkraut mit Wintergemüse

In diesem Gericht schmeckt jedes roh verzehrbare Wintergemüse gut, mit Ausnahme von Kohl. Richten Sie sich bei der Zubereitung nach dem, was Sie im Hause haben. So finden kleine Gemüsemengen eine sinnvolle Verwendung und ergeben zudem eine köstliche Rohkostmahlzeit.

2 Eßl. Getreide · 350 g rohes Sauerkraut · 500 g Gemüse wie Möhren, Knollen- und Bleichsellerie, rote Bete, Lauch, grüne Paprikaschoten, Endivien- oder Rapunzelsalat (Feldsalat)
Für die Sauce: 1 Knoblauchzehe · 1 Messerspitze Meersalz · je ¼ Teel. gemahlener Kümmel, gemahlener Koriander und gemahlener Piment · 2 Eßl. Zitronensaft · 2 Eßl. Öl · 150 g Joghurt oder Kefir

Pro Portion: etwa 670 Joule/160 Kalorien
Quellzeit für das Getreide: 24–36 Stunden
Zubereitungszeit: 40 Minuten

Das Getreide 24–36 Stunden mit Wasser bedeckt quellen lassen. Nach 24 Stunden das Wasser abgießen, die Körner abspülen, gleich verwenden oder gegebenenfalls noch knapp mit Wasser bedeckt bis zu 12 Stunden weiterkeimen lassen. Das Sauerkraut auflockern und kleinschneiden. Das Gemüse je nach Art unter fließendem Wasser gründlich bürsten und grob raspeln oder waschen und in Stücke schneiden. Die Petersilie waschen, trockenschleudern und fein hacken. Das Sauerkraut mit dem gekeimten Getreide, zerkleinerten Gemüse und der Petersilie mischen. Für die Sauce die Knoblauchzehe schälen, hacken, mit dem Salz fein zerdrücken und dem Kümmel, Koriander, Piment, Zitronensaft, Öl und Joghurt oder Kefir mit dem Schneebesen verrühren, bis sich alle Zutaten gut miteinander verbunden haben. Die Sauce über das Ganze gießen und gründlich durchheben.

Sauerkraut mit eingelegten roten Beten

Für die Sauce: 2 Eßl. geriebener Meerrettich · ¼ Teel. gemahlener Kümmel · 3 Eßl. Einlegflüssigkeit der roten Bete · 1 Eßl. Zitronensaft · 5 Eßl. Öl
500 g Sauerkraut · 200 g milchsauer eingelegte rote Bete oder milchsauer eingelegter Kürbis · 1 rote Zwiebel · 1 Bund Petersilie

Pro Portion: etwa 670 Joule/160 Kalorien
Zubereitungszeit: 15 Minuten

Für die Sauce den Meerrettich mit dem Kümmel, der Einlegflüssigkeit der roten Bete oder des Kürbis und dem Zitronensaft verrühren. Das Öl zugießen und rühren, bis sich alle Zutaten gut miteinander verbunden haben. Das Sauerkraut auflockern und kleinschneiden. Die roten Bete oder den Kürbis abtropfen lassen und in Streifen schneiden. Die Zwiebel schälen, halbieren und die Hälften in dünne Scheiben schneiden. Die Zutaten mischen, die Sauce darübergießen und unterheben.

Zwiebel- und Lauch-Rohkost

Zwiebel- oder Lauchrohkost ist nicht jedermanns Sache. Man muß den Gaumen ein wenig überlisten, damit er diese scharf und eindringlich schmeckende Kost akzeptiert. Roh genossen reinigt die Zwiebel die Verdauungsorgane und wirkt entgiftend. Zwiebeln regen den Stoffwechsel an. Für Zwiebelrohkost wählt man am besten etwas mildere Sorten, wie die rote Zwiebel oder die große weiße Gemüsezwiebel.

Herzhafter Zwiebelsalat

Für die Sauce: 1 Messerspitze Meersalz · 2 Teel. Honig · je 1 Teel. getrockneter Oregano und getrockneter Thymian · 3 Eßl. sehr guter Weinessig · 6 Eßl. Olivenöl · 50 g schwarze Oliven
500 g milde Zwiebeln · 1 Bund Schnittlauch

Pro Portion: etwa 1090 Joule/260 Kalorien
Zubereitungszeit: 10 Minuten
Zeit zum Durchziehen: 30 Minuten

Für die Sauce den Honig, zerriebenen Oregano, Thymian und Essig verrühren, bis sich das Salz völlig aufgelöst hat. Das Öl zugießen und rühren, bis die Sauce dicklich wird. Die Zwiebeln schälen und in hauchdünne Scheiben schneiden. Die Zwiebelscheiben auf eine Platte legen. Die Oliven nach Belieben entsteinen und auf den Zwiebeln verteilen. Den Salat gleichmäßig mit der Sauce begießen. Den Schittlauch waschen, trokkenschleudern und in Röllchen schneiden. Den Zwiebelsalat damit bestreuen und bei Raumtemperatur zugedeckt 30 Minuten durchziehen lassen.

Zwiebeln werden geschält, halbiert und zuerst waagerecht eingeschnitten, dann senkrecht in Würfel geteilt.

Tip: Zwiebeln am offenen Fenster schälen und schneiden. Die scharfen ätherischen Öle verflüchtigen sich rascher, die Augen tränen nicht so stark.

Zwiebelsalat mit Orangen

Bild Seite 88

Für die Sauce: 1 Messerspitze Meersalz · 2 Eßl. ungesüßtes Sanddornelexier · 2 Teel. Honig · je 1 Messerspitze Macispulver, gemahlener Anis und geriebene Ingwerwurzel · 3 Eßl. Zitronensaft · 3 Eßl. Öl
350 g milde Zwiebeln · 4 saftige Orangen · 1 Eßl. Kapern

Pro Portion: etwa 905 Joule/215 Kalorien
Zubereitungszeit: 30 Minuten
Zeit zum Durchziehen: 1 Stunde

Für die Sauce das Salz mit dem Sanddornelexier, Honig, Macispulver, Anis, Ingwer und Zitronensaft verrühren, bis sich das Salz völlig aufgelöst hat. Das Öl zugießen und rühren, bis sich alle Zutaten gut miteinander verbunden haben. Die Zwiebeln schälen und in hauchdünne Scheiben schneiden oder hobeln. Die Orangen schälen, auch die weiße Haut unter der Schale abziehen und die Orangen quer in Scheiben schneiden. Dabei die Kerne entfernen. Den Saft zu der Sauce geben. Die Zwiebeln und Orangen abwechselnd in eine Glasschüssel schichten, mit einer Lage Orangen abschließen. Die Sauce gleichmäßig darübergießen und den Salat mit den Kapern bestreuen. Nicht mehr durchheben. Den Zwiebel-Orangen-Salat bei Raumtemperatur zugedeckt 1 Stunde durchziehen lassen.

Lauch mit Äpfeln und Nüssen

Für die Sauce: ¼ Teel. Meersalz · 1 Messerspitze geriebene Muskatnuß · 1 kleine Prise Cayennepfeffer · 1 Eßl. schwachgesüßtes Preiselbeerelexier oder Apfeldicksaft · 2 Eßl. Zitronensaft · ⅛ l saure Sahne
750 g Lauch · 2 große mürbe Äpfel · 2 Eßl. Haselnüsse

Pro Portion: etwa 880 Joule/210 Kalorien
Zubereitungszeit: 20 Minuten

Für die Sauce das Salz mit dem Muskat, Cayennepfeffer, Preiselbeerelexier oder Apfeldicksaft, dem Zitronensaft und der Sahne mit dem Schneebesen verrühren und leicht schaumig schlagen. Vom Lauch die Wurzelansätze und die dunkelgrünen Blätter abschneiden. Für Lauchrohkost nur die gelben und weißen Teile der Stangen verwenden. Die grünen Teile zum Auskochen für eine Gemüsebrühe aufbewahren. Die Lauchstangen der Länge nach zweimal aufschlitzen, unter fließendem Wasser sehr gründlich waschen, abtropfen lassen und in dünne Streifen schneiden. Die Äpfel waschen, abtrocknen lassen, vierteln und die Kerngehäuse entfernen. Die Viertel in Scheiben und diese ebenfalls in Streifen schneiden. Die Haselnüsse grob hacken und mit den Äpfeln und dem Lauch mischen. Die Sauce darübergießen und gründlich durchheben.

Herzhafter Lauch

Für die Sauce: ½ bis 1 Teelöffel Kräutersalz · eine Prise frisch gemahlener Pfeffer · je 1 Teelöffel gemahlener Kümmel und gemahlener Fenchel · 3 Eßlöffel Apfelessig · 3 Eßlöffel naturreiner Apfelsaft · 6 Eßlöffel Öl · 2 frische grüne Pfefferschoten (Peperoni) oder 1 kleine getrocknete rote Pfefferschote
750 g Lauch · 250 g Möhren · je ein Bund Petersilie und Schnittlauch

Pro Portion: etwa 715 Joule/170 Kalorien
Zubereitungszeit: 20 Minuten
Zeit zum Durchziehen: 30 Minuten

Das Kräutersalz, Pfeffer, Kümmel und Fenchel mit dem Apfelessig, Apfelsaft und Öl verrühren, bis die Sauce dicklich wird. Frische Peperoni waschen, sehr fein hacken – getrocknete klein schneiden und zerreiben – und zu der Sauce geben. Vom Lauch die welken Blätter entfernen und die grünen Blattspitzen abschneiden. Die Lauchstangen der Länge nach zweimal aufschlitzen, unter fließendem Wasser gründlich waschen, abtropfen lassen und in feine Streifen schneiden. Die Möhren unter fließendem Wasser gründlich bürsten, grob raspeln und mit dem Lauch mischen. Die Petersilie und den Schnittlauch waschen und trockenschleudern. Die Petersilie feinhacken, den Schnittlauch in Röllchen schneiden und beides mit dem Lauch und den Möhren mischen. Die Sauce darübergießen, die Rohkost durchheben und vor dem Servieren zugedeckt 30 Minuten durchziehen lassen. Wenn nötig, noch mit etwas Kräutersalz nachwürzen.

Getreide in der Rohkostküche

Aus Getreide, der Grundlage einer Vollwerternährung, lassen sich köstliche und nahrhafte Salate bereiten. Getreidesalate sind als Hauptgericht an heißen Sommertagen, beim Picknick und als Bestandteil eines kalten Büfetts sehr beliebt. Dafür eignen sich alle Getreidearten mit Ausnahme ausgereifter Maiskörner, weil diese auch durch Kochen und Quellen nicht weich genug werden. Wie Gemüse und Obst sollte auch Getreide nach Möglichkeit aus biologischem Anbau stammen. Die Körner müssen keimfähig sein; man kann dies selbst ausprobieren, indem man 1 Eßlöffel voll Getreidekörner einen Tag lang in Wasser quellen, dann abtropfen läßt und noch feucht, aber nicht von Wasser bedeckt, auf einem Teller ausgebreitet an einem warmen Ort (jedoch nicht über 30 °C) stehen läßt. Nach 1–2 Tagen müssen sich die Keimlinge als weiße Spitzen zeigen. Ich habe bisher noch nicht erlebt, daß Getreidekörner nicht keimfähig sind. Dennoch empfiehlt es sich, ab und zu eine Keimprobe zu machen.

Körner haben das ganze Jahr über Saison – ein Salat aus ungeschrotetem Getreide begründete schon bei manch einem meiner Gäste die Liebe zu Getreidegerichten, war der erste Schritt auf dem Weg zur Vollwertkost. Noch heute benutze ich solch einen kernigen Salat gern als Köder, wenn es gilt, einen Bekannten, der sich bislang falsch ernährt hatte, auf den neuen Pfad einer gesunden Ernährung zu locken. Einige Vollwert-Experten empfehlen auch das ungemahlene Korn roh zu essen, weil nur im nichterhitzten Getreide die Wertstoffe unvermindert erhalten bleiben. Diese Art Rohkost stellt jedoch sehr hohe Anforderungen an die Verdauungsorgane, auch an die Zähne. Leider haben heute sogar schon viele junge Menschen ein sehr mangelhaftes Gebiß und können das Getreide durch Kauen nur schlecht aufschließen. Das hat zur Folge, daß die Körner lange im Magen liegen und unverdaut teilweise den Körper passieren, ohne ihn dabei ernährt zu haben. Aus diesem Grunde ist es besser, die Körner durch Einweichen, schonendes Garen und Nachquellen aufzuschließen. Auch dann müssen sie immer noch besonders gut gekaut werden. Anders verhält es sich mit dem allseits beliebten Frischkornmüsli. Hierfür wird das Getreide geschrotet und längere Zeit eingeweicht. In dieser Form ist es in der Regel für jedermann bekömmlich. Allerdings sollten ältere Menschen anfangs nur ganz kleine Portionen davon essen, um herauszufinden, ob sie diese Form der Rohkost vertragen. Für Salat kann Getreide 1–2 Tage im voraus gegart und dann im Kühlschrank aufbewahrt werden.

Salate aus ganzen Getreidekörnern

Nichtgekeimte, ganze Körner müssen in jedem Fall eingeweicht, gekocht und nachgequollen werden. Unser Gebiß ist nicht dafür geschaffen, rohe Körner so zu zerkleinern, daß sie Magen und Darm nicht übermäßig belasten. Stammt das Getreide aus kontrolliertem biologischen Anbau, kann das Einweichwasser auch zum Kochen verwendet werden, da in ihm wertvolle Mineralstoffe enthalten sind. In Getreide aus konventionellem Anbau können sich Rückstände von giftigen Pflanzenschutzmitteln finden, die gesundheitsschädlich wirken; hier also das Quellwasser weggießen. Auch eingeweichte Getreidekörner, wie sie in der Regel für Getreidesalate verwendet werden, müssen gut gekocht werden. Dadurch wird das Getreide weiter erschlossen und verträglicher.

Salate aus ganzen Getreidekörnern brauchen nach dem Zubereiten etwa 1 Stunde zum Durchziehen in der Salatsauce. Rohes Gemüse stets erst kurz vor dem Servieren unterheben.

Gekeimtes Getreide

Im gekeimten Getreide haben sich die Wertstoffe verändert. Es ist besonders reich an Enzymen und B-Vitaminen. Der Vitamin E-Gehalt nimmt hingegen beim Keimen ab. Gekeimtes Getreide wirkt kräftigend und vitalisierend. In zu großen Portionen genossen kann es allerdings zu einer Überbeanspruchung der Verdauungsorgane führen. In den Wintermonaten und im Frühjahr, wenn die Auswahl an frischem Gemüse nicht so reichlich ist, ist gekeimtes Getreide und Keimlingsgemüse aus Hülsenfrüchten oder Kressesamen eine wertvolle Bereicherung des Speisezettels. Jeder Salat kann mit 2–3 Eßlöffeln von Keimlingen aufgewertet werden. Die Getreidekeimlinge entwickeln ihre Wirkung voll, wenn sie gerade als weiße Spitzen sichtbar werden.

Getreidegrütze für Salat

Grütze hat eine körnige, kantige Beschaffenheit, kocht locker und körnig. Sie entsteht durch Hakken der Getreidekörner. Unsere Haushaltsmühlen sind dafür ungeeignet, da sie je nach Einstellung die Körner zu Schrot oder Mehl zerreiben. Reformhäuser und Naturkostläden führen Thermogrütze, aus der man bekömmliche und leckere Salate bereiten kann. Für Thermogrütze läßt man das ganze Korn bei milder Wärme darren. Dadurch wird das Getreide verträglicher und bekommt einen zartsüßen Geschmack. Sollen Salate aus Thermogrütze zubereitet werden, gart man die Grütze im Verhältnis 1 : 1,75, das heißt 1 Teil Grütze, 1,75 Teile Wasser oder Gemüsebrühe, und läßt sie nach einer Kochzeit von etwa 5 Minuten mindestens 1 Stunde ausquellen. Wie Reis lockert man die Grütze dann mit einer Gabel auf, so wird sie körnig und trocken.

Dinkel

Dinkel ist eine alte Kulturform des Weizens. Heute ist dieses Getreide fast in Vergessenheit geraten. Dinkel wird hierzulande nur in wenigen Gebieten angebaut. Der größte Anteil wird noch grün in der Milchreife geerntet. Über Holzfeuer gedarrt wird der unreife Dinkel dann zu dem bekannten Grünkern. Das ausgereifte Dinkelkorn ist größer als ein Weizenkorn. Es enthält viel Klebereiweiß; Dinkelschrot läßt sich hervorragend zu Brot verbacken. Die gegarten, dick aufgequollenen weichen Dinkelkörner lassen beim Essen etwas von der urwüchsigen Kraft spüren, die in ihnen steckt.

Dinkel mit gemischter Gemüserohkost

200 g Dinkel · ½–¾ l Wasser · 1 Eßl. gekörnte Gemüsebrühe · 1 Teel. getrockneter Thymian · ½ Teel. getrockneter Majoran · 500 g rohes Gemüse (wie Möhren, Kohlrabi, junge Erbsen, Blumenkohl) · ½ Teel. Meersalz · 2 Eßl. Apfelessig · 6 Eßl. Öl · je 1 Messerspitze gemahlener Koriander und gemahlener Piment · reichlich frische Kräuter (Borretsch, Petersilie, Zitronenmelisse, Zitronenthymian, wenig Majoran)

Pro Portion: 1470 Joule/350 Kalorien
Quellzeit: 3–5 Stunden
Gar- und Nachquellzeit: 1½–2 Stunden
Zubereitungszeit: 30 Minuten

Den Dinkel in einem Sieb unter fließendem Wasser waschen und in ½ l Wasser 3–5 Stunden quellen lassen. Den Dinkel im Einweichwasser zum Kochen bringen und zugedeckt leise wallend kochen lassen. Wenn nötig etwas heißes

Wasser nachgießen. Die Garzeit beträgt je nach Dauer der Einweichzeit 30 Minuten bis 1 Stunde. Das Getreide ist gut gegart, wenn die Körner aufspringen. Den Dinkel mit der gekörnten Brühe, dem zerriebenen Thymian und dem Majoran würzen und 1 Stunde nachquellen lassen. Das kann in einem Thermosgefäß oder in einer Kochkiste geschehen. Steht keines von beiden zur Verfügung, den Topf mit Deckel in eine Wolldekke hüllen oder in ein etwa 60° heißes Wasserbad stellen. Den Dinkel dann abkühlen lassen. Inzwischen das Gemüse waschen und putzen, Kohlrabi schälen, Möhren und Kohlrabi in kleine Würfel schneiden, Blumenkohl grob reiben. Das Gemüse mit dem Dinkel mischen. Das Salz mit dem Essig, Koriander und Piment verrühren, bis sich das Salz völlig aufgelöst hat. Das Öl zugießen und rühren, bis die Sauce dicklich wird. Die Sauce über den Salat gießen und gut umrühren. Die Kräuter waschen und trockenschleudern. Einige Kräuterzweiglein zurückbehalten, die anderen fein hacken und unter den Dinkelsalat mischen. Den Salat mit den unzerkleinerten Kräutern garnieren. Der Getreidesalat kann sofort serviert werden oder noch einige Zeit durchziehen. Dann jedoch die Kräuter erst kurz vor dem Servieren fein hacken und an den Salat geben.

Variante: Grünkern mit Kürbis
250 g Grünkern waschen, in ½ l Wasser 2–3 Stunden quellen lassen, zum Kochen bringen und in 30–45 Minuten weichkochen. Wenn nötig, noch etwas heißes Wasser nachfüllen. Den Grünkern salzen, mit einem Hauch Nelkenpulver, je 1 Messerspitze gemahlenem Rosmarin und gemahlenem Piment würzen, eine Stunde nachquellen und dann abkühlen lassen. 250 g süßsauer eingelegte Kürbis würfeln. 200 g Tomaten häuten, halbieren, Saft und Kerne herauslösen und das Tomatenfleisch würfeln. Den Tomatensaft mit den Kernen aufbewahren und als Grundstock für eine Tomatensuppe oder für einen Tomatentrunk verwenden. Den Kürbis und die Tomaten mit dem Grünkern mischen. Aus 1 Messerspitze Salz, 3 Eßlöffeln Einlegflüssigkeit vom Kürbis, 1 Teelöffel Birnendicksaft, 2 Eßlöffeln Apfelessig, 2 Eßlöffeln Öl und 3 Eßlöffeln saurer Sahne eine Sauce anrühren und mit allen Zutaten mischen. Zuletzt 2 Eßlöffel gehacktes Basilikum und gehackten Estragon unterziehen.

Variante: Hafersalat
250 g Nackthafer waschen, in knapp ½ l Wasser 3–5 Stunden quellen lassen, zum Kochen bringen und in 1–1½ Stunden weichkochen. Wenn nötig noch etwas heißes Wasser nachgießen. Den Hafer salzen, mit 1 Teelöffel getrockneten, zerriebenen Liebstöckel würzen, nachquellen und abkühlen lassen. Aus 1 Messerspitze Meersalz, 1 Eßlöffel Zitronensaft, 1 Teelöffel Honig, 5 Eßlöffeln saurer Sahne und 2 Eßlöffeln Öl eine Salatsauce rühren. 2 Äpfel waschen, abtrocknen, vierteln, die Kerngehäuse entfernen und die Äpfel grob in die Sauce raspeln. 1 kleine Sellerieknolle unter fließendem Wasser gründlich bürsten, putzen, in dünne Scheiben und diese in 3 cm lange Streifen schneiden. 2 Eßlöffel Haselnüsse grob hacken und mit der Apfelsauce, dem Sellerie und dem Hafer mischen. Alle Zutaten mit 1 Teelöffel mildem Paprikapulver würzen. 1 Bund feingehackte Petersilie untermengen.

Gerstengrütze-Salat mit Wildkräutern

250 g Thermo-Gerstengrütze · knapp ½ l Wasser · 1 Eßl. gekörnte Gemüsebrühe · je 1 Messerspitze gemahlenen Koriander und gemahlenen Piment · 1 Lorbeerblatt · 1 Eßl. Zitronensaft · 3 Eßl. Öl · ½ Knoblauchzehe · 60 g Haselnüsse · etwa 100 g frische Wildkräuter (Brennesselspitzen, Brunnenkresse,

Löwenzahn, Melde, Sauerampfer, Schafgarbe, Vogelmiere, Wiesenschaumkraut) oder frische Gartenkräuter (etwas Borretsch, Dill, Liebstöckel, Thymian, reichlich Kerbel, Petersilie, Pimpinelle) · 2 Tomaten oder 1 Bund Radieschen

Pro Portion: etwa 1680 Joule/400 Kalorien
Zubereitungszeit: 1 Stunde

Die Grütze im Wasser zum Kochen bringen und solange kochen lassen, bis kein Wasser mehr über der Grütze steht. Das dauert etwa 5 Minuten. Die gekörnte Brühe, den Koriander, Piment und das Lorbeerblatt zufügen, umrühren und die Grütze 40 Minuten bei ganz schwacher Hitze (Drahtuntersetzer) ausquellen und anschließend abkühlen lassen. Die Grütze mit der Gabel auflockern. Den Zitronensaft mit dem Öl verrühren. Die Knoblauchzehe ganz fein hacken und zu der Zitronen-Öl-Sauce geben. Die Haselnüsse grob hacken und unter die Grütze mengen. Die Sauce auf die Grütze gießen und gut umrühren. Die Kräuter waschen, abtropfen lassen und trockenschleudern. Harte Stiele entfernen, die Kräuter fein hacken und locker unter die Grütze heben. Die Tomaten oder Radieschen waschen, in Scheiben schneiden und den Gerstensalat damit garnieren.

Curry-Reis-Salat

200 g Vollreis · knapp ½ l Wasser · 1 Lorbeerblatt · 1 Liebstöckelzweig oder 1 Teel. getrocknetes Liebstöckel · 3 Pimentkörner · 1 Teel. Meersalz · 3 Eßl. Korinthen · 5 Eßl. naturreiner Traubensaft · 30 g Mandeln · 250 g Bleichsellerie · 2 Eßl. Öl · 1–2 Eßl. Currypulver · 5 Eßl. Öl · Saft von ½ Zitrone · ¼–½ Teel. Meersalz · 1 Bund Petersilie

Pro Portion: etwa 1785 Joule/425 Kalorien
Quellzeit: 3 Stunden
Gar- und Nachquellzeit: 1½ Stunden
Zubereitungszeit: 20 Minuten

Den Reis in einem Sieb unter fließendem Wasser waschen und in dem Wasser 3 Stunden quellen lassen. Das Lorbeerblatt, den Liebstöckel und Piment zufügen, den Reis zum Kochen bringen. Zugedeckt bei schwacher Hitze kochen lassen, bis die Körner weich sind. Das dauert etwa 30 Minuten. Wenn nötig immer wieder etwas heißes Wasser nachfüllen. Den Reis etwa 1 Stunde nachquellen lassen. Währenddessen die Korinthen in wenig Wasser quellen lassen. Die Mandeln in Stifte schneiden. Den Bleichsellerie waschen, putzen, die Stangen quer in dünne Streifen schneiden, in einem Topf im Öl wenden und in wenig Wasser bei schwacher Hitze 10 Minuten dünsten. Das Lorbeerblatt und den Piment aus dem Reis entfernen. Das Currypulver unterrühren, abschmecken! Die Korinthen abtropfen lassen und mit den Mandelstiften und dem Sellerie zu dem Salat geben. Das Öl und den Zitronensaft zufügen und mit Salz abschmecken. Die Petersilie waschen, trockenschleudern und fein hacken. Den Salat anrichten und mit der Petersilie bestreuen.

Tip: Statt Bleichsellerie zusätzlich 150 g kleingeschnittene Parasolpilze oder andere würzige Pilze in Öl und etwas Wasser dünsten und zum Salat geben.

Rund um die Kartoffel

Auch die Kartoffel soll in diesem Buch ihren Platz haben. Eine ihrer vielen guten Eigenschaften ist, verschiedene Aromen harmonisch miteinander zu verbinden. Beim Kauf kann man zwischen fest- und mehligkochenden Sorten wählen. Für Salate rate ich nicht unbedingt zu Salatkartoffeln; sie sind oft sehr fest, sehen »speckig« aus, wenn man sie durchschneidet und nehmen eine Sauce nicht so gut auf, wie die etwas stärkehaltigeren festkochenden Sorten.

Kartoffelsalat aus Arles

500 g Kartoffeln · 1 Teel. Kümmel · 1 Teel. Meersalz · 300 g Auberginen · 2 Eßl. Olivenöl · ½ Tasse Gemüsebrühe · ½ Teel. Kräutersalz · 250 g feste Tomaten
Für die Sauce: 2 Knoblauchzehen · ½ Teel. Meersalz · 1 Messerspitze gemahlener weißer Pfeffer · 1 Messerspitze gemahlener Rosmarin · 1 Teel. getrockneter Oregano · 3 Eßl. sehr guter Weinessig · 6 Eßl. Olivenöl · 1 Bund Petersilie · 1 Zwiebel

Pro Portion: 1280 Joule/305 Kalorien
Zubereitungszeit: 1 Stunde

Die Kartoffeln waschen, mit dem Kümmel und Salz knapp von Wasser bedeckt zum Kochen bringen und in etwa 30 Minuten garen. Die Kartoffeln abgießen, ausdämpfen, etwas abkühlen lassen und in Würfel schneiden. Während die Kartoffeln garen, die Auberginen waschen, abtrocknen, in 1 cm dicke Scheiben und diese in Würfel schneiden. Das Öl in einer Pfanne erwärmen, die Auberginen darin wenden und die Brühe zugießen. Die Auberginen bei ganz schwacher Hitze in etwa 15 Minuten weichschmoren und mit dem Kräutersalz bestreuen. Die Tomaten waschen, abtrocknen und kleinschneiden, dabei die Stielansätze entfernen. Die Auberginen mit der in der Pfanne verbliebenen Flüssigkeit, die Tomaten mit Saft und Kernen mit den Kartoffelwürfeln mischen. Die Knoblauchzehe schälen, hacken und mit dem Salz zerdrücken. Den Knoblauch mit dem Pfeffer, Rosmarin, Oregano und Essig verrühren. Das Öl zugießen und rühren, bis sich alle Zutaten gut miteinander verbunden haben. Die Petersilie waschen, trockenschleudern, fein hacken und in die Sauce geben. Die Sauce über den Kartoffelsalat gießen und den Salat durchheben. Die Zwiebel schälen und in hauchdünne Ringe schneiden. Den Salat anrichten und mit den Zwiebelringen garnieren.

Bohnen-Kartoffelsalat

200 g frische weiße Bohnenkerne · 1 Stengel Bohnenkraut · 500 g Kartoffeln · 1 Teel. Kümmel · 1 Teel. Meersalz · 125 g milchsauer eingelegte Gurke · 1–2 säuerliche Äpfel · 1 Bund Frühlingszwiebeln oder 1–2 Zwiebeln
Für die Sauce: 1 Knoblauchzehe · ½ Teel. Meersalz · 2 Eßl. Apfelessig · 2 Eßl. Öl · 50 g saure Sahne · reichlich frische Kräuter (Petersilie, Pimpinelle, etwas Bohnenkraut, Borretsch, Majoran und Ysop)

Pro Portion: etwa 1010 Joule/240 Kalorien
Zubereitungszeit: 1 Stunde und 30 Minuten

Die Bohnen in einem Sieb unter fließendem Wasser kurz abspülen und zusammen mit dem Stengel Bohnenkraut in ¼ l Wasser zugedeckt bei schwacher Hitze in etwa 40 Minuten weichkochen und auskühlen lassen. Die Kartoffeln unter fließendem Wasser bürsten und mit dem Kümmel und dem Salz knapp von Wasser bedeckt in etwa 30 Minuten garen, abgießen und abkühlen lassen. Die Kartoffeln schälen und in Würfel schneiden. Die Gurken abtropfen lassen und klein würfeln. Die Äpfel waschen, abtrocknen, vierteln, von den Kerngehäusen befreien und die Apfelviertel ebenfalls in Würfel schneiden. Die Frühlingszwiebeln waschen, abtropfen lassen und mit dem Zwiebelgrün kleinschneiden. Die Zwiebeln schälen und fein würfeln. Die Kräuter waschen, trockenschleudern und fein hacken. Die Kartoffeln mit den Bohnen, Äpfeln, Zwiebeln und Kräutern mischen. Die Knoblauchzehe schälen, hacken und mit dem Salz zerdrücken. Den Knoblauch mit dem Essig, Öl und der sauren Sahne mit dem Schneebesen verrühren, bis sich alle Zutaten gut miteinander verbunden haben. Die Sauce auf den Kartoffelsalat gießen und unterheben.

Kartoffel-Gurken-Salat

750 g Kartoffeln · 1 Teel. Kümmel · 1 Teel. Meersalz · 1 Salatgurke · 2 Eßl. junge Borretschblätter · 2 Zweige Zitronenmelisse · 1 Bund Schnittlauch
Für die Sauce: 1 Eigelb · 2 Teel. Kräutersalz · 1 Messerspitze Honig · ⅛ l Sonnenblumenöl · ½ Teel. Meersalz · 1 kleine Prise Cayennepfeffer · 1 Knoblauchzehe · 5 Eßl. saure Sahne

Pro Portion: etwa 1720 Joule/410 Kalorien
Zubereitungszeit: 1 Stunde und 15 Minuten

Die Kartoffeln waschen, mit dem Kümmel und Salz knapp von Wasser bedeckt zum Kochen bringen und in etwa 30 Minuten weichkochen. Die Kartoffeln abgießen, etwas auskühlen lassen, schälen und in Würfel oder Scheiben schneiden. Aus dem Eigelb, Kräutersenf, Honig, Öl und 1 Eßlöffel Zitronensaft eine Mayonnaise rühren und mit dem Salz und einem Hauch Cayennepfeffer würzen. Die Knoblauchzehe schälen, sehr fein hacken und zusammen mit der sauren Sahne in der Mayonnaise verrühren. Die Gurke waschen, abtrocknen und in Scheiben oder Würfel schneiden. Die Kräuter waschen, trockenschleudern, einige Kräuterzweiglein zurückbehalten und die übrigen feinhacken. Die Gurke und die Kräuter mit den Kartoffeln mischen. Die Mayonnaise darübergießen und unterheben. Wenn nötig noch etwas Zitronensaft zufügen. Den Salat anrichten und mit den zurückbehaltenen Kräutern garnieren.

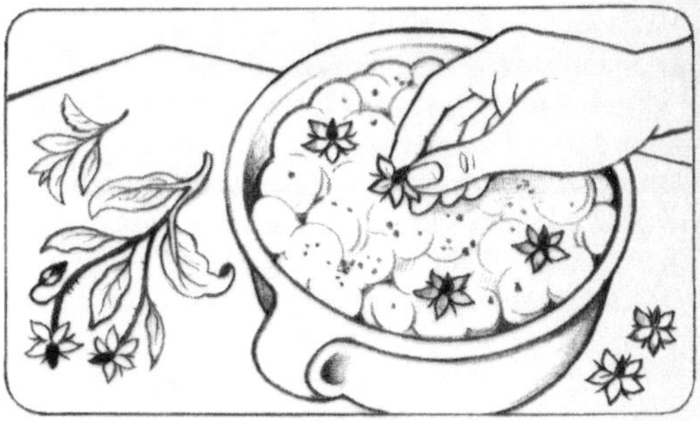

Besonders appetitlich sieht der Salat aus, wenn er mit frischen Borretschblüten dekoriert wird. Borretsch blüht von Juli bis August.

Tip: Borretschblüten ergeben eine hübsche Dekoration für diesen Salat. Die Mayonnaise ist reichlich bemessen, denn es ist schwierig, eine kleinere Menge davon zuzubereiten, ohne daß sie gerinnt. Man kann aber die Hälfte der Mayonnaise abnehmen und in einem Schraubglas verschlossen bis zu einer Woche im Kühlschrank aufbewahren.

Bild rechts: Appetitanregend: Rotkohl mit Endivien in Meerrettichsauce. Rezept Seite 73.
Zum Bild auf Seite 88: Ungewöhnliche Zutaten finden Sie im Zwiebelsalat mit Orangen. Rezept Seite 78.

Kresse-Kartoffelsalat

Ein Ei deckt bereits einen Teil des Tagesbedarf an Protein. Tut man hier des Guten zuviel, werden Stoffwechselkrankheiten wie Gicht und Rheuma gefördert. Gicht nannte man früher »die Krankheit der Reichen«. Das Eiweiß vom Hühnerei und Kartoffeleiweiß ergänzen allerdings einander optimal, darum sei dieser Kartoffelsalat einmal mit Eiern gekrönt.

750 g Kartoffeln · 1 Teel. Meersalz · 1 Teel. Koriander · 100 g Gartenkresse oder Brunnenkresse · 2 Bund Radieschen · Für die Sauce: ½ Tasse Gemüsebrühe · ½ Teel. Meersalz · 1 Messerspitze gemahlener schwarzer Pfeffer · je ½ Teel. getrockneter Thymian und getrockneter Salbei · 3 Eßl. Apfelessig · 6 Eßl. Öl · 3 hartgekochte Eier · 1 Bund Petersilie

Pro Portion: etwa 1365 Joule/325 Kalorien
Zubereitungszeit: 1 Stunde

Die Kartoffeln waschen und mit dem Salz und Koriander knapp von Wasser bedeckt in etwa 30 Minuten garen. Die Kartoffeln abgießen, ausdämpfen und etwas abkühlen lassen. Die Kartoffeln schälen und in etwa 1 cm große Würfel schneiden. Die Kresse waschen, trockenschleudern und grob kleinschneiden. Die Radieschen waschen, in Scheiben schneiden und mit der Kresse und den Kartoffelwürfeln mischen.
Die Gemüsebrühe mit dem Salz, Pfeffer, zerriebenen Thymian, Salbei und Essig verrühren, bis sich das Salz völlig aufgelöst hat. Das Öl zugießen und rühren, bis sich alle Zutaten gut miteinander verbunden haben. Die Sauce über den Kartoffelsalat gießen, den Salat durchheben und in einer Schüssel anrichten. Die Eier schälen und kleinwürfeln. Die Petersilie waschen, trockenschleudern, fein hacken, mit den Eiern mischen und den Salat damit bestreuen. Soll der Salat einige Zeit durchziehen, die Eier und die Petersilie erst kurz vor dem Servieren darüberstreuen.

Zur Abwechslung können Sie die Kresse durch Sauerampfer und Brennesselspitzen, beides feingehackt, ersetzen.

Variante: Kartoffelsalat mit Sauerampfer
Die Kartoffeln wie vorab beschrieben garen und würfeln. Statt Kresse insgesamt etwa 100 g feingehackten, jungen Sauerampfer und Brennnesselspitzen mit den Kartoffeln mischen. Die Sauce aus 2 Teelöffeln Kräutersalz, 1 Messerspitze gemahlenem schwarzen Pfeffer, 3 Eßlöffeln Apfelessig, 3 Eßlöffeln Öl, ⅛ l saurer Sahne und 2 Zweigen feingehacktem, frischem Bohnenkraut bereiten. Den Salat nach Belieben mit gehackten harten Eiern und Petersilie bestreuen.

Tip: Statt Sauerampfer 150 g kleingeschnittenen, rohen roten Rhabarber untermischen.

Fruchtige Rohkost

Rhabarber mit Datteln

Rhabarber zählt zum Blattstengelgemüse und wird in einigen Ländern auch als Gemüse zubereitet. Wir schätzen ihn als Kuchenbelag und gekocht als Rhabarbergrütze. Daß Rhabarber auch roh gut schmeckt, beweist dieses Rezept.

100 g getrocknete ungeschwefelte Datteln · 500 g roher Rhabarber · 2 Eßl. Honig · 1 Messerspitze Zimtpulver · 1 Prise Nelkenpulver · 250 g Vollkornzwieback · 5 Eßl. süße Sahne · 1 Teel. Honig

Pro Portion: etwa 1955 Joule/465 Kalorien
Zubereitungszeit: 30 Minuten
Zeit zum Durchziehen: 1 Stunde

Die Datteln entsteinen und kleinschneiden. Den Rhabarber waschen und die Stangenenden abschneiden. Die Rhabarberstangen je nach Dicke ein- bis zweimal längs durchschneiden und in kleine Stücke schneiden. Den Rhabarber mit den Datteln, dem Honig, Zimt und Nelkenpulver mischen und zugedeckt 1 Stunde ziehen lassen. Den Zwieback feinreiben. Ein Drittel vom Zwiebackmehl auf den Boden einer Glasschüssel verteilen. Die Hälfte vom Rhabarber einfüllen und mit dem zweiten Drittel Zwiebackmehl bedekken. Den übrigen Rhabarber daraufgeben und mit dem restlichen Zwiebackmehl bedecken. Die Sahne mit 1 Teelöffel Honig süßen und steif schlagen. Die Rhabarberspeise damit garnieren und vor dem Servieren noch einige Zeit durchziehen lassen.

Tip: Statt der Datteln können auch getrocknete Feigen oder Aprikosen mit dem Rhabarber gemischt werden. Beide müssen jedoch in etwas Fruchtsaft einige Stunden quellen. Statt Zwieback nach Belieben gesüßte Vollkornkekse reiben oder zerdrücken.

Johannisbeer-Apfel-Salat

Der Juli ist der Beerenmonat. Johannisbeeren, Himbeeren, Erdbeeren reifen jetzt heran. Zwei oder drei Wochen lang können wir sie genießen, am besten natürlich roh. Johannisbeeren enthalten viel Fruchtsäure, die roten noch mehr als die sehr aromatischen weißen, die es kaum noch zu kaufen gibt. Schwarze Johannisbeeren enthalten dreimal mehr Vitamin C als Zitrone. Wenn es gilt, Widerstandskräfte zu stärken, sind diese Beeren sehr zu empfehlen.

350 g rote Johannisbeeren · 150 g schwarze Johannisbeeren · 2 nicht zu saure Äpfel · 1 Eßl. Zitronensaft · 2 Eßl. flüssiger Honig · 2 Eßl. Mandeln
Für die Sauce: 150 g Dickmilch · 1 Eßl. Ahornsirup · 1 Messerspitze gemahlener Anis

Pro Portion: 755 Joule/180 Kalorien
Zubereitungszeit: 20 Minuten

Die Beeren waschen, abtropfen lassen und von den Rispen zupfen. Die Äpfel waschen, vierteln, vom Kerngehäuse befreien, die Apfelviertel in kleine Würfel schneiden und mit dem Zitronensaft beträufeln. Die Johannisbeeren mit den Äpfeln und dem Honig mischen. Für die Sauce die Dickmilch zusammen mit dem Ahornsirup und Anis mit dem Schneebesen schaumig schlagen. Die Sauce über den Johannisbeersalat gießen und unterheben. Die Mandeln dünn hobeln und den Salat damit bestreuen.

Beerenmüsli

300 g Beerenobst · 1 Eßl. Zitronensaft · 1 Eßl. Honig · 200 g Weizen- oder Gerstenflocken · 3 Eßl. Sonnenblumenkerne · 2 Eßl. Honig · ⅛ l süße Sahne · ¼ Teel. gemahlene Vanille

Pro Portion: etwa 1640 Joule/385 Kalorien
Zubereitungszeit: 40 Minuten

Die Beeren waschen, von den Stielen zupfen und mit dem Zitronensaft und Honig beträufeln. Die Flocken mit den Sonnenblumenkernen in einer Pfanne mischen, den Honig darüberträufeln und alles bei schwacher Hitze unter Wenden braten, bis die Flocken und Sonnenblumenkerne mit dem Honig überzogen sind und karamelisieren. Die Masse abkühlen lassen und fein zerstoßen und mit dem Beerenobst mischen. Die Sahne mit der Vanille würzen, steif schlagen und zum Müsli servieren.

Kalte Kirschtorte

Süße Kirschen schmecken am besten ohne weitere Zutaten, so, wie sie am Baum gewachsen und gereift sind. Für Obstspeisen und Kuchen verwendet man gern die aromatischen Sauerkirschen. Sie werden Mitte Juli reif.

750 g Sauerkirschen · 500 g Magerquark · 100 g flüssiger Honig · 100 g feine Haferflocken · 100 g gemahlene Haselnüsse · 100 g Vollkornzwieback · je 1 Messerspitze Nelkenpulver und gemahlener Anis · abgeriebene Schale und Saft von 1 Zitrone · ⅛ l süße Sahne · 1 Eßl. Haselnüsse

Bei 12 Stück Torte pro Stück etwa 1050 Joule/ 250 Kalorien
Zubereitungszeit: 45 Minuten
Zeit zum Durchziehen: 3–5 Stunden

Die Sauerkirschen waschen, abtropfen lassen, von den Stielen zupfen und entsteinen. Den Quark mit dem Honig verrühren. Die Haferflokken und die Haselnüsse daraufstreuen und den Zwieback darauf reiben. Die Gewürze, die Zitronenschale und den Zitronensaft zufügen und alles gut miteinander verrühren. Eine Tasse voll Kirschen zurückbehalten, die übrigen unter die Quarkmasse heben. Eine Springform von 24 cm Ø dünn mit Öl einfetten und mit Haferflocken ausstreuen. Den Kirschquark einfüllen und 3–5 Stunden kühl stellen. Die Sahne steif schlagen, den Ring der Springform lösen. Die kalte Kirschtorte mit der Schlagsahne, den zurückbehaltenen Kirschen und Haselnüssen garnieren.

Pfirsiche mit Himbeerpüree

In sonnenreichen Sommern werden auch bei uns die wärmeliebenden Pfirsiche süß und saftig. Von Ende Juli bis in den September hinein gibt es dieses Obst aus heimischer Ernte. Die besten Pfirsiche kommen jedoch aus Frankreich. Von dort stammen auch meist die ungespritzten, die man im Naturkostladen kaufen kann.

2 große oder 4 kleine reife Pfirsiche · 300 g Himbeeren · 1 Eßl. Zitronensaft · 1 Eßl. flüssiger Honig · 5 Eßl. süße Sahne · ¼ Teel. gemahlene Vanille · 2 Teel. Ahornsirup

Pro Portion: etwa 760 Joule/180 Kalorien
Zubereitungszeit: 20 Minuten

Die Pfirsiche in einem Topf mit kochendheißem Wasser überbrühen. 1 Minute im heißen Wasser liegen lassen, das Wasser abgießen und die Pfirsiche häuten. Die Pfirsiche halbieren, die Steine herauslösen. Die Himbeeren waschen, abtropfen lassen und im Mixer pürieren oder durch ein

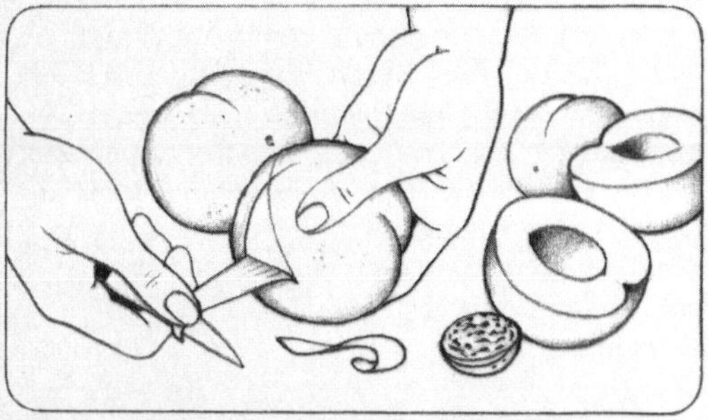

Um Pfirsiche zu enthäuten, werden sie wie Tomaten kurz in kochendes Wasser gelegt und dann kalt abgeschreckt. Die Haut läßt sich dann mühelos abziehen.

Sieb streichen. Den Zitronensaft und den Honig unter das Himbeerpüree rühren. Die Pfirsichhälften mit der Rundung nach unten auf Dessertteller legen und die Höhlungen mit dem Himbeerpüree füllen. Die Sahne zusammen mit der Vanille steif schlagen, mit dem Ahornsirup süßen und mit dem Spritzbeutel auf das Himbeerpüree spritzen.

Aprikosen-Quarkspeise

Aprikosen müssen, wenn sie roh genossen werden sollen, vollreif sein. Dann sind sie süß und wunderbar aromatisch. Sie reifen, einmal geerntet, nur noch wenig nach und sind dann nur als Kuchenbelag oder gedünstet und gesüßt wohlschmeckend.

500 g vollreife Aprikosen · 2 Eßl. schwachgesüßtes Sanddornelexier · 2 Eßl. Ahornsirup · 2 Eßl. Zitronensaft · 1 Messerspitze Zimtpulver · 500 g Magerquark · ⅛ l saure Sahne · 2 Eßl. Pistazienkerne oder Haselnüsse

Pro Portion: etwa 1595 Joule/380 Kalorien
Zubereitungszeit: 20 Minuten

Die Aprikosen waschen, abtropfen lassen, entsteinen, kleinschneiden und mit dem Sanddornelexier, Ahornsirup und Zitronensaft im Mixer pürieren. Den Zimt unterrühren. Den Quark mit der sauren Sahne cremig rühren und unter das Aprikosenpüree ziehen. Die Pistazien oder Haselnüsse grob hacken und auf die Quarkspeise streuen.

Tip: Quarkspeisen schmecken mit beinahe jedem rohen Obst gut. Erdbeer-, Himbeer- und Blaubeerquark mit süßer Sahne, Brombeerquark mit Dickmilch zubereiten. Nach Belieben die Quarkspeise auch mit Preiselbeerelexier oder Schlehenelexier würzen.

Apfelsalat

Äpfel gibt es das ganze Jahr über. Die späten Sorten, die noch nicht ganz reif Ende Oktober geerntet werden, halten sich bis in den Sommer hinein, wenn es bereits die saftigen Kläräpfel gibt. Äpfel enthalten viel Eisen und Phosphor, Calzium, Kalium, Schwefel und Fluor. Außerdem finden sich Vitamin A, B 1 und B 2 im Apfel. Der Vitamin-C-Gehalt ist bei den einzelnen Sorten sehr unterschiedlich.

2 Eßl. Zitronensaft · 1 Eßl. Rübensirup · 1 Messerspitze Zimtpulver · 1 Teel. unbehandelte abgeriebene Orangenschale · Saft von 2 Orangen · 500 g Äpfel · 2 Eßl. ungeschwefelte Rosinen · 3 Eßl. Haselnüsse

Pro Portion: etwa 760 Joule/180 Kalorien
Zubereitungszeit: 30 Minuten

Für die Sauce den Zitronensaft mit dem Sirup, Zimt, der abgeriebenen Orangenschale und dem Orangensaft verrühren, bis sich alle Zutaten gut miteinander verbunden haben. Die Äpfel waschen, abtrocknen, ungeschält mit dem Kerngehäuse grob in die Salatsauce raspeln und umrühren. Die Rosinen in einem Sieb warm überbrausen, abtropfen lassen. Die Haselnüsse grob hacken und mit den Rosinen unter die Äpfel mischen. Etwa 15 Minuten durchziehen lassen.

Gefüllte Äpfel

4 mittelgroße Äpfel · 2 Teel. Zitronensaft · 2 Tassen Brombeeren · 1 Eßl. Apfeldicksaft · 2 Eßl. schwach gesüßtes Preiselbeerelexier · 1 Eßl. Mandeln · 1 Teel. Butter

Pro Portion: etwa 735 Joule/175 Kalorien
Zubereitungszeit: 30 Minuten

Die Äpfel waschen, abtrocknen, die Kerngehäuse ausstechen und die Äpfel etwas aushöhlen. Das herausgelöste Fruchtfleisch hacken und mit dem Zitronensaft beträufeln. Die Brombeeren waschen, abtropfen lassen, 1 Tasse voll Brombeeren aufbewahren, die übrigen mit dem Apfelfleisch und Dicksaft mischen und in die Äpfel füllen. Die Äpfel auf Dessertteller setzen. Auf jeden gefüllten Apfel einen Kleks Preiselbeerelexier geben. Die Mandeln hobeln, unter Wenden in der Butter goldgelb braten und auf die Äpfel streuen. Die aufbewahrten Brombeeren um die Äpfel herum verteilen.

Tip: Nach Belieben mit etwas Honig gesüßte Schlagsahne dazu reichen.

Preiselbeer-Kürbis-Salat

Wenn die Preiselbeeren rundherum schön rot gefärbt und ganz reif sind, kann man sie auch roh essen. Ihre feine Säure und Herbheit passen gut zu Melone oder Kürbis. Preiselbeeren reifen auch noch nach dem Pflücken. Man breitet sie auf Papier in der Sonne aus und wendet sie ab und zu mit der Hand, bis sie gleichmäßig rot geworden sind. Preiselbeeren sind sehr mineralstoffhaltig und reich an Vitamin C. Sie werden von Ende August bis in den Oktober hinein gesammelt.

½ Tasse naturreiner Apfelsaft · 2 Teel. getrocknete Pfefferminzblätter · 350 g reife Preiselbeeren · 350 g Kürbis · 3 Eßl. flüssiger Honig · ⅛ l süße Sahne

Pro Portion: etwa 900 Joule/215 Kalorien
Zubereitungszeit: 15 Minuten
Zeit zum Durchziehen: 1 Stunde

Den Apfelsaft erhitzen und die getrocknete Pfefferminze darin ziehen lassen. Die Preiselbeeren verlesen, waschen und abtropfen lassen. Den Kürbis schälen, grobraspeln und mit den Beeren mischen. Den Apfelsaft durch ein Sieb gießen, mit dem Honig und Ingwer verrühren, über die Beeren und den Kürbis gießen und den Salat zugedeckt 1 Stunde durchziehen lassen. Die Sahne steif schlagen und unterheben.

Obstsalat mit Weizenkörnern

150 g Weizenkörner · knapp ¼ l Wasser · 1 Stück Stangenzimt · 1 Stück unbehandelte Zitronenschale · 1 Messerspitze Meersalz · 500 g frisches, reifes Obst (Birnen, Brombeeren und Zwetschgen oder Johannisbeeren, Pfirsiche und Sauerkirschen) · 125 g Magerquark · 2 Eßl. Milch · 1 Eßl. Zitronensaft · ¼ Teel. gemahlene Vanille · 1 Eßl. Honig · ⅛ l süße Sahne

Pro Portion: etwa 1445 Joule/345 Kalorien
Quellzeit für den Weizen: 8–10 Stunden
Gar- und Nachquellzeit: 3 Stunden
Zubereitungszeit: 30 Minuten

Den Weizen in einem Sieb unter fließendem Wasser waschen und mit Wasser bedeckt 8–10 Stunden – am besten über Nacht – quellen lassen. Den Weizen im Quellwasser mit dem Zimt und der Zitronenschale zum Kochen bringen und zugedeckt bei schwacher Hitze in etwa 1 Stunde weichkochen. Die Körner sollen aufgesprungen sein. Wenn nötig etwas heißes Wasser nachfüllen. Den Weizen salzen und 2 Stunden nachquellen lassen. Die Zimtstange und die Zitronenschale entfernen. Den Weizen abkühlen lassen. Inzwischen das Obst waschen, abtropfen lassen und vorbereiten: Birnen vom Kerngehäuse befreien und kleinwürfeln. Zwetschgen entsteinen und kleinschneiden. Sauerkirschen entsteinen, Johannisbeeren von den Rispen zupfen. Pfirsiche entsteinen und kleinwürfeln. Eine Handvoll Beeren zurückbehalten. Das übrige Obst locker unter den Weizen mischen. Den Quark mit der Milch, dem Zitronensaft, der Vanille und dem Honig verrühren. Die Sahne steif schlagen und unter den Quark ziehen. Die Sahne-Quark-Sauce auf den Weizensalat gießen und behutsam unterheben. Den Salat in einer Schüssel anrichten und mit Beeren garnieren.

Birnen mit Mandelmus-Sauce

Wenn die ersten Birnen reif werden, hat der Herbst begonnen. Es ist die Zeit des Überflusses im Obstgarten und damit auch an den Obstständen. Nach einheimischen Früchten brauchen wir jetzt nicht lange zu suchen. Birnen mit ihrem süßen Saft und dem weichen und dennoch kompakten Fruchtfleisch sind eine ideale Grundzutat für viele Obstsalate.

750 g reife Birnen · 4 Eßl. Korinthen · 2 Eßl. Zitronensaft · 4 Eßl. Mandelmus · ½ Tasse naturreiner Quittensaft · 3 Eßl. Birnendicksaft · je 1 Messerspitze Nelkenpulver und geriebene Ingwerwurzel

Pro Portion: etwa 1075 Joule/260 Kalorien
Zubereitungszeit: 30 Minuten

Die Birnen waschen, abtrocknen, vierteln, von dem Kerngehäuse befreien und die Birnenviertel in Stifte schneiden. Die Korinthen in einem Sieb mit warmem Wasser überbrausen, abtropfen lassen und mit den Birnen mischen. Den Zitronensaft darüberträufeln. Das Mandelmus mit dem Quittensaft, Birnendicksaft, dem Nelkenpulver und Ingwer verrühren, über die Birnen und Korinthen gießen und alles behutsam durchheben.

Variante: Birnen mit Brombeeren und Trauben
500 g Birnen wie vorab beschrieben in Stifte schneiden und mit 250 g Brombeeren, 250 g von den Rispen gezupften blauen Weintrauben und 50 g grob gehackten Walnußkernen mischen. ½ Tasse naturreinen roten Traubensaft mit 2 Eßlöffeln Honig, 1 Messerspitze Zimtpulver und 1 Messerspitze gemahlenem Anis verrühren, über das Obst gießen und behutsam unterheben. Den Salat mit Brombeeren und Trauben garnieren. Flüssige süße Sahne dazureichen.

Birnen mit Käse

4 reife Birnen (etwa 600 g) · 2 Eßl. Zitronensaft · 60 g weicher Blauschimmelkäse · ⅛ l saure Sahne · ½ Tasse Joghurt · 1 kleine Prise Cayennepfeffer · 50 g Walnußkerne · je 75 g Bergkäse mit Tilsiterkäse · je 1 Zweig Zitronenmelisse und frische Pfefferminze

Pro Portion: 1680 Joule/400 Kalorien
Zubereitungszeit: 30 Minuten

Die Birnen waschen, abtropfen lassen, vierteln und von den Kerngehäusen befreien. Die Birnenviertel in nicht zu dünne Scheiben und diese in Stifte schneiden. Die Birnenstifte mit dem Zitronensaft beträufeln. Den Blauschimmelkäse mit der Gabel zerdrücken, zusammen mit der sauren Sahne und dem Joghurt cremig rühren und mit einem Hauch Cayennepfeffer würzen. Die Walnußkerne fein reiben und unter die Käsecreme rühren. Den Bergkäse und den Tilsiterkäse in ebensolche Streifen wie die Birnen schneiden und mit den Birnen mischen. Den Salat anrichten und mit der Käsesauce überziehen. Die Kräuter waschen, trockenschleudern, hacken und auf den Salat streuen.

Variante: Birnen mit gekeimten Weizenkörnern
500 g Birnen und 100 g Bergkäse wie vorab beschrieben in Stifte schneiden und mit 4 Eßlöffeln gekeimten Weizenkörnern mischen. Aus 2 Eßlöffeln Apfelessig, 1 Eßlöffel Birnendicksaft, 1 Messerspitze Meersalz, 1 Teelöffel mildem Paprikapulver, ½ Tasse Joghurt und 2 Eßlöffeln Öl eine Sauce anrühren und den Birnensalat damit anmachen. In eine mit Salatblättern ausgelegte Schüssel füllen und mit gehackter Petersilie bestreuen.

Herbstlicher Obstsalat

Bild 3. Umschlagseite

2 Äpfel · 2 Birnen · 250 g Zwetschgen · 250 g blaue Weintrauben · 250 g Honigmelone · 2 Eßl. Pinienkerne · 1 Eßl. Honig · 1 Eßl. Zitronensaft · ½ Tasse naturreiner Traubensaft

Pro Portion: 965 Joule/230 Kalorien
Zubereitungszeit: 40 Minuten

Die Äpfel und Birnen waschen, vierteln, von dem Kerngehäuse befreien und die Viertel quer in dünne Scheiben schneiden. Die Zwetschgen waschen, halbieren, entsteinen und die Hälften in Streifen schneiden. Die Weintrauben waschen, von den Stielen zupfen und halbieren. Die Melone schälen und würfeln. Das Obst und die Pinienkerne miteinander mischen. Den Honig mit dem Zitronensaft und dem Traubensaft verrühren, bis sich alles gut miteinander verbunden hat, über den Salat gießen und behutsam unterheben.

Tip: Die Schüssel mit rotem Weinlaub umkränzen und den Salat mit Weinbeeren garnieren.

Orangensalat

6 Blutorangen · 2 Boskopäpfel · 3 Bananen · 125 g Walnußkerne · 2 Eßl. Apfeldicksaft · ½ Tasse Orangensaft

Pro Portion: etwa 1765 Joule/420 Kalorien
Zubereitungszeit: 30 Minuten
Zeit zum Durchziehen: 1 Stunde

Die Orangen schälen und in dünne Scheiben schneiden. Dabei die Kerne entfernen. Die Äpfel waschen, vierteln, von den Kerngehäusen befreien und die Viertel in dünne Scheiben schneiden. Die Bananen schälen und ebenfalls in Scheiben schneiden. Den Boden einer Glasschüssel mit Orangenscheiben belegen, darauf Bananenscheiben legen und diese mit Apfelscheiben bedecken. Darauf Walnußkerne verteilen und dann wieder eine Schicht Orangenscheiben darauflegen. In der gleichen Reihenfolge fortfahren, bis alles Obst eingeschichtet ist. Einige besonders schöne Nußkerne zurückbehalten. Mit Orangenscheiben abschließen. Den Dicksaft mit dem Orangensaft verrühren und über den Salat gießen, nicht mehr durchheben. Den Salat mit den zurückbehaltenen Nüssen belegen und vor dem Servieren zugedeckt im Kühlschrank 1 Stunde durchziehen lassen.

Grapefruit mit Pfefferminzsauce

2 Eßl. getrocknete Pfefferminze · 1 Tasse Wasser · 1 Prise Meersalz · 3 rosa Grapefruits · 3 Eßl. Honig · 2 Eßl. Hagebuttenmark · einige frische Pfefferminzblättchen oder 1 Eßlöffel Pistazienkerne zum Garnieren.

Pro Portion: etwa 525 Joule/125 Kalorien
Zubereitungszeit: 20 Minuten

Die Pfefferminze in einem kleinen Topf mit dem Wasser übergießen, das Salz zufügen, aufkochen lassen, vom Herd nehmen und 10 Minuten ziehen lassen. Die Grapefruits halbieren und die Segmente mit einem Sägemesser beidseitig ihrer Trennhäute lockern, aus den Grapefruithälften heben und in eine Schüssel häufen. Den noch in den Grapefruitschalen befindlichen Saft über den Grapefruitfilets ausdrücken. Den Pfefferminzsud durch ein Sieb gießen, mit dem Honig und Hagebuttenmark verrühren und über die Grapefruitscheiben gießen. Den Salat mit gehackten Pfefferminzblättchen oder gehackten Pistazien bestreuen.

Beeren-Tutti-Frutti

750 g Beerenobst (Erdbeeren, Johannisbeeren, Himbeeren und Stachelbeeren) · 3 Eßl. flüssiger Honig · 200 g mürbe, süße Vollkornkekse · etwa ¼ l naturreiner Johannisbeersaft · 1 Päckchen Agar-Agar (8 g) · ⅛ l süße Sahne · 1 Eßl. Ahornsirup

Pro Portion: etwa 1300 Joule/310 Kalorien
Zubereitungszeit: 1 Stunde
Zeit zum Gelieren: 3–5 Stunden

Die Beeren verlesen, waschen, abtropfen lassen und die Stiele oder Rispen abzupfen; von Stachelbeeren Stiel- und Blütenansätze abschneiden. Die Beeren mischen, mit dem Honig beträufeln und 45 Minuten Saft ziehen lassen. Den Saft dann abgießen und aufbewahren. Die Vollkornkekse lagenweise abwechselnd mit den Früchten in eine Glasschüssel schichten. Mit einer Lage Beeren abschließen. Den abgegossenen Saft mit Johannisbeersaft auf ⅜ l Flüssigkeit ergänzen und auf etwa 60° erhitzen. Das Agar-Agar in ⅛ l Johannisbeersaft auflösen und in den heißen Fruchtsaft rühren. Unter ständigem Rühren den Saft auf etwa 90° erhitzen, nicht kochen lassen. Die heiße Flüssigkeit gleichmäßig auf die eingeschichteten Beeren gießen, erkalten lassen, kühlstellen und in etwa 3–5 Stunden erstarren lassen. Kurz vor dem Servieren die Sahne steif schlagen, den Ahornsirup unterziehen und mit der Schlagsahne garnieren.

Variante: Beeren mit Mandelkrokant
750 g Beerenobst waschen, von den Stielen zupfen, mischen und nach Bedarf mit flüssigem Honig süßen. Die Beeren 1 Stunde durchziehen lassen. 50 g Mandeln hobeln, in einer Pfanne in 1 Eßlöffel Butter unter Wenden goldgelb braten. 1 Eßlöffel Honig darüberträufeln und die Mandeln unter ständigem Wenden weiterbraten, bis sie hellbraun karamelisiert sind. Die Mandelhobel auskühlen und hart werden lassen, mit einem Nudelholz auf einem Holzbrett zerdrücken und das Beerenobst damit bestreuen.

Erdbeermus mit Traubenschaum

Ab Mai gibt es reichlich Erdbeeren aus Italien. Bei uns werden sie erst im Juli reif. Dann öffnen auch überall die Erdbeerplantagen für Selbstpflücker ihre Tore. Hier werden die Erdbeeren allerdings nicht biologisch angebaut. Die Felder sind zum Teil sehr groß, und man kommt, wie bei anderen Monokulturen auch, nicht ohne Pflanzenschutzmittel aus. Wenn Sie Ihre Erdbeeren auf solchen Feldern selbst ernten, waschen Sie den Erntesegen besonders gründlich mehrmals in viel kaltem Wasser.

750 g Erdbeeren · 1 Eßl. Zitronensaft · 1 Teel. unbehandelte abgeriebene Zitronenschale · 1 Messerspitze geriebene Ingwerwurzel · 2 Eßl. schwach gesüßtes Sanddornelexier · 1–2 Eßl. Birnendicksaft · 2 Eier · 2 Eßl. flüssiger Honig · ⅛ l weißer Traubensaft · 1 Eßl. Zitronensaft

Pro Portion: etwa 880 Joule/210 Kalorien
Zubereitungszeit: 30 Minuten

Die Erdbeeren waschen, abtropfen lassen und die Stiele abzupfen. Die Erdbeeren durch ein Haarsieb streichen oder mit dem Zitronensaft im Mixer pürieren. Das Erdbeermus mit der abgeriebenen Zitronenschale, dem Ingwer und Sanddorn würzen und mit dem Dicksaft süßen. Die Eier in einem kleinen Topf mit dem Honig, Trauben- und Zitronensaft mit dem Schneebesen verrühren. Den Topf in ein Wasserbad stellen und unter ständigem Rühren langsam erhitzen, bis die Sauce dicklich wird. Das Wasser darf dabei nicht zum Kochen kommen. Den Traubenschaum lauwarm zum Erdbeermus dazu servieren.

Für das Erdbeermus werden die Beeren durch ein Sieb gedrückt oder im Mixer püriert.

Variante: Erdbeercreme
Die Erdbeeren waschen und die Stiele abzupfen. ⅔ der Beeren mit 1 Eßlöffel Zitronensaft durch ein Sieb passieren oder im Mixer pürieren und nach Belieben mit Dicksaft süßen. 200 g Sahne steif schlagen, mit ¼ Teelöffel gemahlener Vanille aromatisieren und unter das Erdbeermus ziehen. Von den übrigen Erdbeeren einige zurückbehalten, die restlichen halbieren und unter die Erdbeercreme mischen. Die Creme mit Erdbeeren garnieren.

Tip: Für die Sahnespeise eignen sich Himbeeren, Blaubeeren und reife Preiselbeeren ebensogut wie Erdbeeren.

Orangen-Reis-Salat

100 g ungeschwefelte, getrocknete Feigen · ⅛ l naturreiner Apfelsaft · 200 g Vollreis · knapp ½ l Wasser · 1 Sternanis · 2 Nelken · 1 Stück Stangenzimt · 1 Stück unbehandelte Zitronenschale · 1 Messerspitze Meersalz · 4 Orangen · 3 Eßl. Ahornsirup · ½ Teel. gemahlene Vanille · 3 Eßl. Pinienkerne · ¼ l süße Sahne

Pro Portion: etwa 2875 Joule/685 Kalorien
Quellzeit für die Feigen: 12 Stunden; für den Reis 3 Stunden
Gar- und Nachquellzeit für Reis: 1½ Stunden
Zubereitungszeit: 20 Minuten

Die Feigen waschen und 12 Stunden im Traubensaft quellen lassen. Den Reis in einem Sieb unter fließendem Wasser waschen, mit Wasser bedeckt 3 Stunden quellen lassen und zum Kochen bringen. Den Sternanis, die Nelken, den Zimt und die Zitronenschale zufügen und den Reis zugedeckt bei schwacher Hitze etwa 30 Minuten kochen lassen, bis die Körner weich sind. Wenn nötig, etwas heißes Wasser zugießen. Den Reis etwa 1 Stunde nachquellen lassen. Die Gewürze herausnehmen, den Reis salzen und abkühlen lassen. Inzwischen die Orangen schälen, auch die weiße Haut entfernen. 3 Orangen in Spalten teilen und diese durchschneiden, dabei die Kerne entfernen. Die Feigen kleinschneiden und mit dem nicht aufgesogenen Traubensaft, dem Ahornsirup, der Vanille, den Pinienkernen und den Orangenstücken unter den Reis mischen. Die Sahne sehr steif schlagen, ⅔ davon unter den Orangenreis ziehen. Die vierte Orange quer in dünne Scheiben schneiden, die Kerne entfernen. Den Reis in einer Schüssel anrichten, mit den Orangenscheiben belegen und der restlichen Schlagsahne garnieren.

Stachelbeersülzchen mit Dickmilch-Fruchtsauce

Stachelbeeren sind das Beerenobst, das zuerst reif wird. Es gibt grüne, gelbe und rote Sorten. Die Beeren müssen sehr reif sein, sonst sind sie saurer als Rhabarber.

500 g reife, kleine Stachelbeeren · ¾ l naturreiner Fruchtsaft (wie Johannisbeer-, Kirsch- oder Erdbeersaft) · 1 Eßl. Zitronensaft · Honig nach Bedarf · 1 Päckchen gemahlenes Agar-Agar (8 g) · 200 g Dickmilch · 2 Eßl. Dicksaft · ¼ Teel. gemahlene Vanille

Pro Portion: etwa 880 Joule/210 Kalorien
Zubereitungszeit: 30 Minuten
Zeit zum Gelieren: 3–5 Stunden

Die Stachelbeeren waschen, abtropfen lassen und die Stiel- und Blütenansätze abschneiden. Die Beeren in kalt ausgespülte Förmchen verteilen. ⅜ l Fruchtsaft mit dem Zitronensaft und Honig auf etwa 60° erhitzen. Das Agar-Agar in ⅛ l kaltem Fruchtsaft auflösen und unter Rühren in den heißen Fruchtsaft gießen. Die Flüssigkeit unter ständigem Rühren auf etwa 90° erhitzen, jedoch nicht kochen lassen und auf die Stachelbeeren in den Förmchen gießen. Die Sülzchen abkühlen lassen und zum Gelieren 3–5 Stunden kühlstellen. Den übrigen Saft mit der Dickmilch, dem Dicksaft und der Vanille mit dem Schneebesen des elektrischen Rührgerätes schaumig rühren. Die Sülzchen aus den Förmchen auf Dessertteller stürzen und die Sauce dazu reichen.

ABC der Rohkostküche

Agar-Agar: pflanzliches Geliermittel aus getrockneten Meeresalgen gewonnen, fadenförmig oder zu Pulver gemahlen, im Reformhaus erhältlich. Agar-Agar enthält natürliches Jod und ist achtmal so quellfähig wie Gelatine, die aus entfetteten Tierknochen hergestellt wird. 8 g gemahlenes Agar-Agar – ein Eßlöffel voll – sind ausreichend, um ½ l Flüssigkeit gelieren zu lassen. Die Speisen sind nach dem Erkalten steif.

Ahorn-Sirup: dünnflüssiger Sirup aus dem Saft junger kanadischer Ahornbäume. Ahornsirup süßt weniger stark als Honig, hat jedoch ein angenehmes, würziges Aroma. Er wird in einem aufwendigen Verfahren gewonnen. Für die Rohkostküche werden nur kleine Mengen benötigt, deshalb ist dieses sonst recht teure Produkt sehr empfehlenswert.

Apfel- oder Birnendicksaft: durch Einkochen stark reduzierter natürlicher Saft von Äpfeln oder Birnen ohne weitere Zusätze. Apfeldicksaft schmeckt fruchtig, leicht säuerlich. Birnendicksaft ist etwas süßer. Dicksaft rundet jede Art von Sauce für Rohkost angenehm ab und ist besonders gut für Obstsalate geeignet.

Fruchtelexiere: diese wertvollen Zutaten für die Rohkostküche gibt es in Apotheken und Reformhäusern zu kaufen; und zwar ungesüßt, schwach gesüßt und süß. Es handelt sich dabei um schonend konserviertes, dickes Fruchtmark aus wilden Früchten wie Preiselbeeren, Sanddorn, Schlehen. Fruchtelexiere enthalten alle reichlich Vitamin C und viele Mineralstoffe. Rohkostgerichten geben sie ein feines, fruchtiges Aroma.

Getreidekeime: Frisch gekeimte Getreidekörner ergänzen Rohkostgerichte hervorragend, weil sie vitamin- und mineralstoffreich sind. Die Herstellung ist ganz einfach. 2 bis 4 Eßlöffel Getreide (Weizen, Hafer, Gerste oder andere) werden in eine flache Schüssel gegeben und so mit frischem Wasser bedeckt, daß sie feucht sind. Mindestens zweimal, besser noch dreimal täglich wird das Wasser erneuert. Bereits nach 36 Stunden zeigen sich die Keime, die Körner sind weich und genießbar. Zugedeckt im Kühlschrank aufbewahrt, bleiben sie 2 bis 3 Tage frisch. Wenn Sie häufig Getreidekeime essen wollen, ist die Anschaffung eines Keimapparates empfehlenswert (Reformhaus oder Haushaltsfachgeschäft).

Gomasio (Sesamsalz): vielfältig verwendbares Würzsalz aus geröstetem Sesam und geröstetem Meersalz. Es enthält leicht verdauliches Eiweiß und viele Mineralstoffe. Gomasio gibt es in Naturkostläden und Reformhäusern fertig zu kaufen. Da Sesam sehr ölhaltig ist, kann Gomasio nicht unbegrenzt aufbewahrt werden. Es wird nach einiger Zeit ranzig. Man kann es auch nach Bedarf in kleinen Mengen selbst herstellen: 125 g Sesam mit 1½ Eßlöffel feinem Meersalz mischen und bei 80° 45 Minuten auf einem Backblech im Backofen rösten. Dabei hin und wieder wenden. Die Mischung abkühlen lassen und in einer Mandelmühle mahlen. In Schraubgläsern gut verschlossen aufbewahren und innerhalb von 2 bis 3 Wochen verbrauchen.

Honig: Bienenhonig steht in der Vollwertküche als natürliches Süßungsmittel an erster Stelle. Nicht über 42° erhitzter Honig enthält alle dem Honig eigenen Vitamine, Mineralstoffe und Fermente. Achten Sie deshalb beim Einkauf auf den Vermerk »kalt geschleudert«. Kristallisierter Honig wird im Wasserbad – nicht über 42° – langsam wieder flüssig. Flüssiger Honig läßt sich besser dosieren und verbindet sich rascher mit anderen Zutaten.

ABC der Rohkostküche

Ingwerwurzel: am besten würzen frische Ingwerwurzeln. Es gibt sie in guten Obstgeschäften zu kaufen. Die reichverzweigten Wurzelknollen werden zum Würzen geschält und fein gerieben. Angeschnittene Ingwerwurzeln bewahrt man am besten in Haushaltsfolie eingewickelt im Kühlschrank auf, damit sie nicht austrocknen. Getrocknete Ingwerwurzeln reibt man wie Muskatnuß direkt in das zu würzende Gericht.

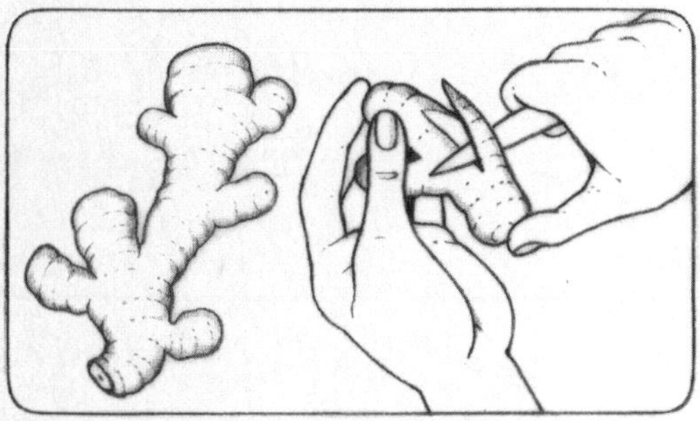

Frische Ingwerwurzeln werden geschält. Das faserige Fruchtmark wird dann entweder feingerieben oder in Scheibchen geschnitten und diese feingewürfelt.

Kanne Brottrunk: ein milchsaures Getränk, das an Kwas, das russische Brot, erinnert. Kanne Brottrunk wird aus Vollkornbrot, Wasser und Rosinen hergestellt. Er ist im Gegensatz zu Kwas alkoholfrei und hat den typisch säuerlich-milden Geschmack, der auch milchsauer eingelegtem Gemüse zu eigen ist. Das gesunde Produkt ist im Reformhaus oder Naturkostladen erhältlich.

Kräutersalz: eine Mischung aus feingemahlenen getrockneten Gewürzkräutern und Meersalz. Kräutersalz schmeckt besonders gut auf Tomaten. Man kann damit jedoch alle herzhaften Rohkostgerichte würzen. Es hat ein kräftig pikantes Aroma und man braucht davon nicht viel mehr als von gewöhnlichem Salz. Dadurch wird Kochsalz eingespart, von dem wir meist viel zu viel zu uns nehmen.

Meerrettich: in der Rohkostküche wird der scharfe Meerrettich oft als Gewürz verwendet. Ein bis zwei Teelöffel geriebener Meerrettich genügen, Rohkostgerichten einen frischen belebenden Geschmack zu verleihen. Damit sich der Meerrettich nicht unansehnlich dunkel verfärbt, wird er beim Konservieren meist stark geschwefelt. Naturkostläden führen jedoch auch ungeschwefelten konservierten Meerrettich. Am gesündesten ist frische Meerrettichwurzel. Man kann sie nach Bedarf in kleinen Portionen reiben und den Rest im Gemüsefach des Kühlschranks 2 bis 3 Wochen aufbewahren.

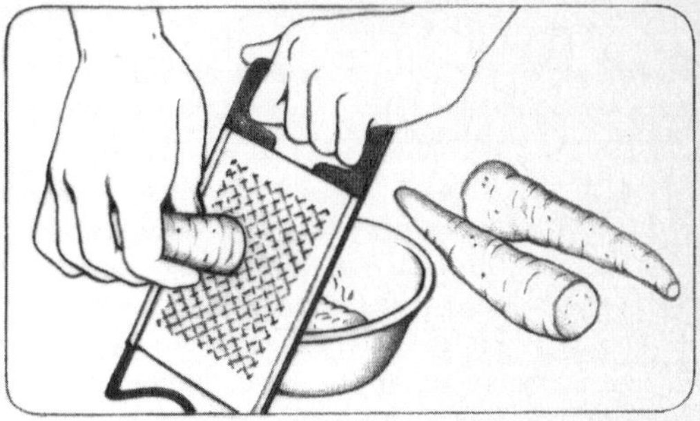

Frischgeriebener Meerrettich sollte sofort mit Zitronensaft beträufelt werden, da er sich an der Luft braun verfärbt.

Meersalz: ist wie anderes Speisesalz eine Verbindung aus Chlor und Natrium, doch enthält es noch eine große Menge anderer Mineralsalze und Spurenelemente und ist deshalb für unsere Ernährung wertvoller als Salinensalz. Wir sollten uns unserer Gesundheit zuliebe generell bemühen, den Salzkonsum einzuschränken.

Milchsauer eingelegtes Gemüse: durch Milchsäuregärung gesäuertes – ohne Hitzeeinwirkung, Essig oder Alkohol –, auf natürliche Weise haltbar gemachtes Gemüse. Unter bestimmten Bedingungen, richtiger Temperatur, Salzkonzentration und entsprechendem Druck vermehren sich die an der Gärung beteiligten Mikroorganismen im Gemüse. Es entwickelt sich Milchsäure, die Fäulnisbildung und Zerfall des Gemüses verhindert. Milchsauer eingelegtes Gemüse enthält viel Vitamin C, Vitamin B_{12} und Enzyme. Es wirkt im Körper nicht säurebildend. Milchsäurebakterien siedeln auf allen Pflanzen an – besonders auf solchen, die dicht am Boden wachsen. Sie sind äußerst empfindlich und vertragen keinen Kunstdünger und auch nicht das Spritzen mit chemischen Mitteln. Gemüse, das durch Milchsäuregärung haltbar gemacht werden soll, muß deshalb aus biologisch-organischem Anbau stammen.

Nußmus: Mandelmus und Nußmus sind besonders feingemahlene Nüsse oder Mandeln. Von dem in diesen Früchten reichlich enthaltenen Fett (Öl) hat es seine pastenartige Beschaffenheit. Zuweilen setzt sich das Öl an der Oberfläche ab, das Mus dann gut durchrühren, damit es sich wieder gleichmäßig verteilt. Nuß- und Mandelmus kühl, dunkel und gut verschlossen aufbewahren. So hält es sich auch nach dem Öffnen des Glases einige Wochen frisch.

Portulak: dieser feine Wintersalat ist mit dem Löffelkraut verwandt. Die langgestielten zarten Blätter erinnern geschmacklich an Feldsalat. Portulak gibt es vom Herbst bis ins Frühjahr hinein, allerdings nur für Gartenbesitzer. Er ist ausgesprochen problemlos zu ziehen. Im Handel gibt es ihn nicht zu kaufen. Man kann ihn auch noch essen, wenn er bereits seine kleinen weißen Blüten treibt. Bei Portulak entsteht kaum Abfall, weil die Blättchen mit den Stielen gegessen werden können.

Rohkostreiben: in einem kleinen Haushalt braucht man für die Rohkostküche nur eine feine, eine mittelfeine und eine grobe Reibe sowie einen Hobel für Kohl und Gurke. Von Zeit zu Zeit sollte dieses Handwerkszeug erneuert werden, denn die Reibflächen nutzen sich ab, die Reiben werden stumpf. Hat man öfters größere Mengen Rohkost zuzubereiten, empfiehlt sich die Anschaffung einer elektrischen Küchenmaschine mit Schnitzelwerk und verschiedenen Reibvorsätzen. Mit einer solchen Maschine ist die Arbeit des Raspelns und Hobelns in kurzer Zeit zu erledigen.

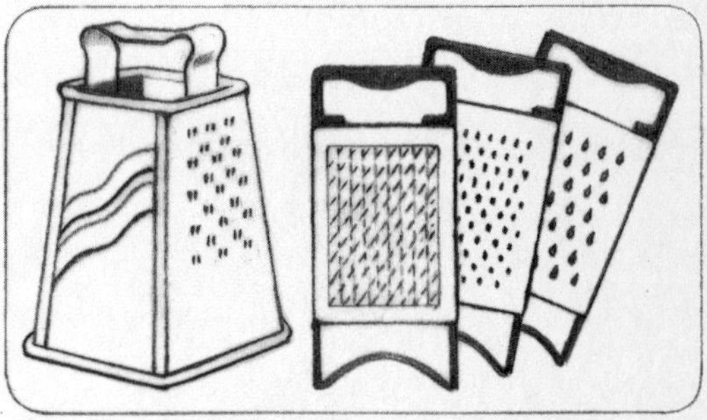

Wenn man häufiger Rohkost zubereitet, braucht man mindestens eine feine, eine mittelfeine und eine grobe Reibe oder eine, die alles gleichzeitig bietet.

Rosinen: Korinthen und Rosinen sind in der Vollwertküche, wie anderes Dörrobst auch, beliebte, oft verwendete Süßungsmittel. Kaufen Sie nur ungeschwefeltes Dörrobst, denn Schwefeldioxyde und Sulfide dürfen für Dörrobst in der 10–40fachen Menge wie der für andere Lebensmittel als Zusatzstoff genehmigten Mittel eingesetzt werden. Schwefeldioxyd steht im Verdacht, krebserregend zu sein! Der Schwefel läßt sich selbst durch Waschen der Früchte mit heißem Wasser nicht völlig entfernen. Ungeschwefeltes Dörrobst muß aus hygienischen Gründen unter fließendem warmen Wasser abgespült werden. Für Rohkostgerichte läßt man Rosinen und Korinthen in etwas Flüssigkeit, Wasser oder Fruchtsaft, einige Zeit quellen.

Rezept- und Sachregister

Kursiv gesetzte Seitenzahlen verweisen auf Farbbilder.

Rezept- und Sachregister

Rezept- und Sachregister

Rezept- und Sachregister

Obstsalate dürfen in der Rohkostküche nicht ▷ fehlen. Ein besonderer Leckerbissen ist Herbstlicher Obstsalat. Rezept Seite 94.